Otto Eduard Schmidt

Les Wendes

Parrains wendes des environs de Weisswasser

André DELPEUCH, Editeur
51, rue de Babylone, Paris

1929

Les Wendes

OTTO EDUARD SCHMIDT

LES
WENDES

ANDRÉ DELPEUCH, ÉDITEUR
51, rue de Babylone, 51, PARIS

1929

Carte ethnographique de la Haute et Basse Lusace,

d'après le dénombrement de 1910

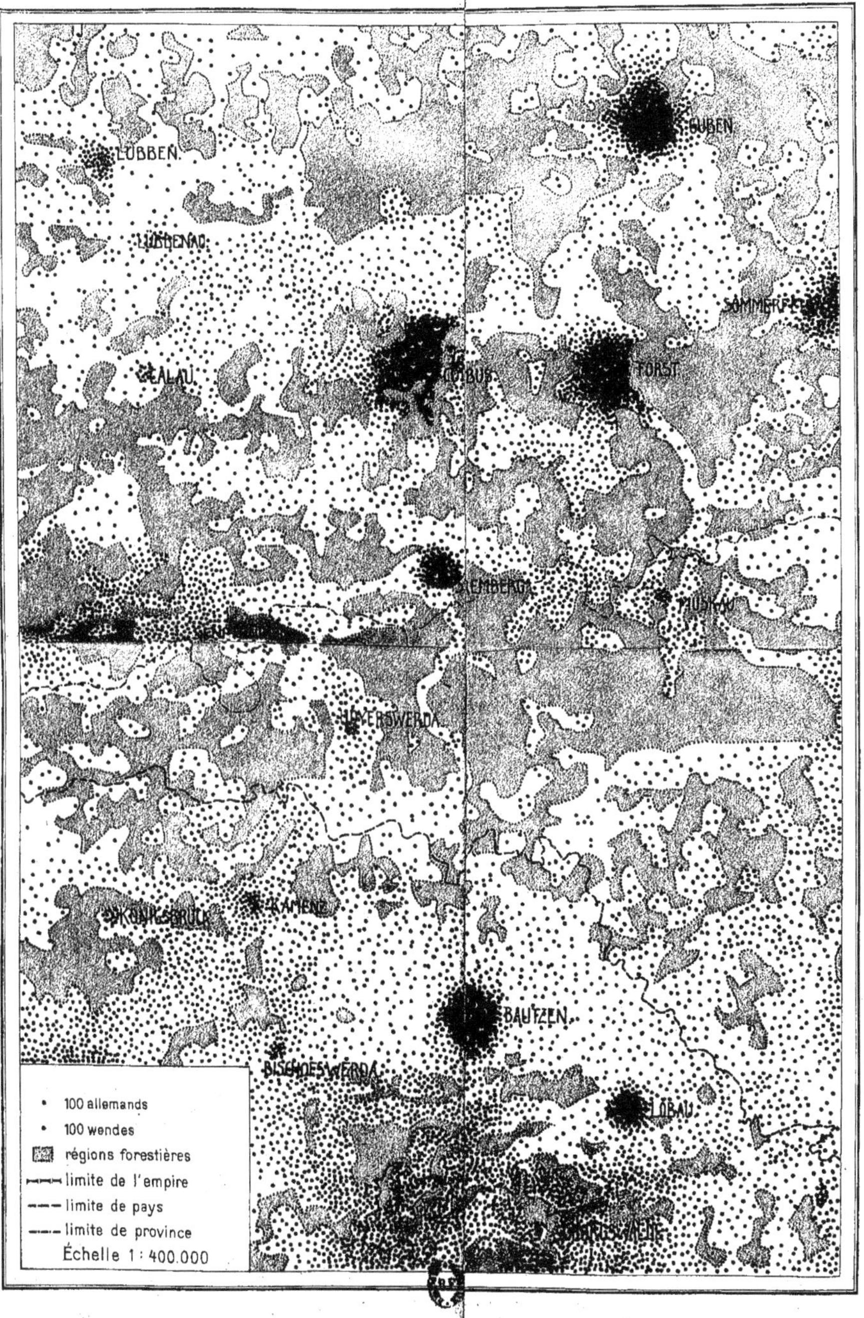

TABLE DES GRAVURES

PLANCHE 5

En haut : Maison wende en bois et maçonnerie avec « tonnelle », à Ralbitz, Haute-Lusace. (W. Hoffmann, Dresde, 1897). Voir p. 81.

En bas : Maison allemande en bois avec « tonnelle » (les supports en bois sont remplacés quelque temps par des piliers en briques) à Altenberg, Erzgebirge (W. Heinmann, Altenberg).

PLANCHE 6

Paysan wende vers 1800. Gravé et colorié par Samuel GRÄNICHER (1758-1813). Voir p. 83.

PLANCHE 7

Paysanne wende vers 1800. Gravé et colorié par Samuel GRÄNICHER (1758-1813). Voir p. 82, 83.

PLANCHE 8

Femme wende des environs de Muskau, en robe d'église. D'après Leske, « Reise durch Sachsen », 1785. Voir p. 94.

PLANCHE 9

1° Costume d'église, à Rengersdorf ; 2° costume de servante, à Görlitz. D'après Leske, « Reise durch Sachsen », 1785. Voir p. 82.

PLANCHE 10

Bautzen vers 1800. Gravure enluminée de Johann GOTTFRIED JENTSCH (1759-1826). Voir p. 129.

PLANCHE 11

Enseignes wendes. — En haut : à Bautzen. — *En bas :* à Crostwitz près Bautzen. Voir p. 138.

PLANCHE 12

Cortège d'une société wende de gymnastique, à Wittichenau près Bautzen, avec cavaliers ouvrant la marche, drapeaux wendes et écriteau portant l'inscription wende : « Serbske towarstwo w Malesecach ». Voir p. 159.

La Saxe et la Lusace avant l'immigration des Wendes

Les premiers habitants de l'Etat libre de Saxe actuel et des Lusaces n'ont pas été des Wendes. Au contraire, il est irréfutablement prouvé que le petit nombre de colons de l'âge de la pierre, qui, au quatrième et au troisième millénaire avant l'ère chrétienne, occupaient en un mince cordon des cavernes à foyer creusées dans la terre ou des habitations soit dans les vallées où coulait un ruisseau, soit sur le versant des collines mollement ondulées de notre région, étaient arrivés dans le pays du côté de la Thuringe, c'est-à-dire qu'ils étaient venus de l'Ouest. Les représentants de la grande époque suivante, appelée l'âge du bronze (2200 à 800 av. J.-C.), n'étaient pas des Wendes non plus, mais une peuplade illyrique ou une autre tribu du Sud-Est. En effet, ce que ces hommes de l'âge du bronze ont produit de plus beau dans l'art de la céramique, c'est-à-dire les magnifiques urnes bosselées, offre une ressemblance frappante avec les vases presque analogues dont Dörpfeld a constaté la présence dans la septième couche de Troie. De même, à l'époque pré-romaine de l'âge du fer, de 800 à 500 av. J.-C., ainsi que durant la période de La Tène (de l'an 500 jusqu'à la naissance du Christ) (1), il n'est pas question de Wendes dans l'Allemagne centrale. Par contre, la partie orientale de la Basse-Lusace, notamment les arrondissements de Luckau, de Kalau et de Lübben, est occupée peu après 500 av. J.-C. par des tribus *germaniques de l'ouest,* appartenant au groupe des peuples suèves. C'est ce que prouvent les cimetières datant des premiers temps de l'époque de La Tène, où l'on a trouvé des urnes, des boucles d'oreilles de la forme d'une voie et une espèce particulière d'agrafe de ceinture. La plus récente découverte de tombeaux suèves en Lusace, celle de Saritz, dans l'arrondissement de Luckau, date du dernier siècle avant Jésus-Christ (M. Jahn). En Saxe, à l'ouest de l'Elbe, nous trouvons également des Germains dans la période de La Tène. Vers la fin de cette période apparaissent pour la première fois, comme groupement ethnique important, les habitants de notre région, formant chaînon dans le cercle de la civilisation germanique occidentale, qui s'étend jusqu'au delà

(1) La Tène, antique cité en Suisse, au bord du lac de Neuchâtel, connue par les découvertes archéologiques qui y ont été faites.

Jeune fille wende se rendant à l'église (vers 1800)
Gravé et colorié par Samuel Gränicher (1758–1813)
Table 1

du Rhin et qui entretient des relations profitables avec les Celtes et les Romains. Ces Germains aussi brûlaient leurs morts et en déposaient les restes dans des urnes, mais très rarement dans de grands champs d'urnes, parce qu'ils habitaient généralement des maisons isolées ou de petits hameaux. Alfred Götze a déterré dans plusieurs villages de l'arrondissement de Lebus, près de Francfort-sur-l'Oder, des restes de cette colonisation germaine occidentale, datant de l'époque de La Tène (urnes noires avec ornements formant des méandres, pointes de lance en fer, couteaux et boucles en fer). Il a trouvé de même à Nuhnen, près de Francfort-sur-l'Oder, les restes de deux maisons de la Germanie occidentale, aux murs soutenus par des pieux, ainsi que des morceaux de pain de millet, des ossements de cerf, de chevreuil, de porc et de cheval. Au surplus il a mis au jour des débris de poteries, dont l'argile était mêlée de graphite. Quant aux remparts de châteaux forts datant de l'âge du bronze, ils n'ont pas été occupés par les colons germains de l'Ouest. L'aversion de ceux-ci pour les habitations encloses est bien connue, en effet. Pour la même raison, ces Germains n'ont pas bâti de nouveaux châteaux forts.

Les premiers *Germains de l'est* apparaissent au

deuxième siècle de l'ère chrétienne dans la Basse-Lusace. Ils apportent l'usage d'enterrer leurs morts au lieu de les incinérer. C'est ce qui explique la découverte de quelques tombeaux, contenant des squelettes de Germains orientaux. Les ornements et les dessins allégoriques sur les armes et les ustensiles sont originaires des pays situés sur les côtes de la mer Noire. De même, des caractères runiques, tracés sur les armes et les ustensiles, se trouvent isolément, par exemple ceux de la pointe de lance de Dahmsdorf (arrondissement de Lebus). Le professeur Henning, de Strasbourg, a déchiffré dans lesdits caractères runiques le nom gothique de Raminga. Ce nom désigne le chef d'une « hure » ou « tête de sanglier », c'est-à-dire d'une de ces troupes de combattants, au moyen desquelles les Germains d'orient avaient l'habitude de livrer bataille.

Les mêmes usages se retrouvent dans la Haute-Lusace et dans les régions limitrophes, à l'ouest. Les rapports du Dr Frenzel prouvent qu'en Haute-Lusace, les représentants de l'âge du bronze et des époques suivantes de la civilisation — toujours un seul et même peuple assez nombreux — se sont maintenus jusqu'au dernier siècle avant l'ère chrétienne. Cependant, menacés à cette époque par des ennemis, ils ont élevé autour de leurs châteaux forts un grand nombre de remparts, lesquels, par leur forme ronde et fermée, se distinguent nettement des ouvrages fortifiés, construits par la population slave au cours des époques suivantes (remparts à sections). Les fouilles ont prouvé que toutes ces fortifications avaient été détruites, les bâtiments construits dans leur enceinte brûlés et que les objets d'aménagement avaient été réduits en pièces. Il est probable que les Lusaciens vaincus ont quitté le pays. En effet, dans les premiers siècles de l'ère chrétienne, nous trouvons dans la Haute-Lusace une couche de colons absolument nouvelle, lesquels, à en juger d'après les preuves de leur degré de civilisation qu'ils nous ont laissées doivent avoir été des Germains de l'est. Ces vainqueurs ont été les *Burgondes* et ils se sont avancés jusqu'au delà de la Vistule et de l'Oder. Leurs tombeaux dans les environs de Bautzen et dans la vallée de la Neisse nous ont laissé une image très nette de leur culture (pl. 3), sans aucune immixtion d'autres centres de culture. Parmi les centaines d'objets découverts, il ne se trouve pas un seul débris qui ne soit germanique. Il n'est donc pas douteux qu'une population et une civilisation absolument nouvelles, venues de la Germanie orientale dans les premiers siècles de l'ère chrétienne, se soient intercalées dans le développement cultural de la Lusace. Il n'a pas été trouvé le moindre indice qui eût pu faire croire que ces Burgondes eussent formé dans la Lusace une mince couche prédominante, s'élevant au-dessus d'une masse de population non germanique. Dans les nombreuses tombes d'hommes, de femmes et d'enfants qu'on a découvertes aucune n'indiquait que des esclaves aient dû suivre le mort dans la tombe, comme cela est d'usage là où une race dominatrice tient un autre peuple sous son joug. Dès l'an 400, les Burgondes, après cinq cents ans de colonisation, mus par l'espoir d'habiter une contrée plus riche, au climat plus doux et située davantage vers l'ouest, quittèrent à leur tour la Lusace, pour aller fonder vers 410 aux environs de Worms l'empire des Burgondes, dont la chanson des Nibelungen nous peint d'une façon si frappante et si évocatrice les mœurs, les coutumes et les destinées. Or tous les Burgondes ne se sont pas risqués dans la grandiose « aventure » de cette expédition guerrière. D'autre part, des objets, appartenant à la même branche de civilisation des Germains, et qui ont été mis au jour par les fouilles, pratiquées en Saxe, à l'ouest de l'Elbe, fournissent la preuve de ce que les Burgondes se sont portés sur le Main en traversant le territoire à gauche de l'Elbe (Georg Bierbaum). Une partie de Burgondes, restée dans les anciennes frontières, s'y sont peut-être maintenus encore quelque temps, ce que le résultat des fouilles ne nous permet pas de prouver. Il n'était pas d'usage chez les Germains, en ces temps-là, que tout un peuple se mît à la fois en marche avec femmes, enfants, vieillards et tout ce qu'il possédait, en quête de terres nouvelles. Nous avons une preuve irréfutable du contraire dans l'histoire des Goths par Jordanès, Goth lui-même. En racontant qu'en 489, le roi Théodoric se préparait à sortir de la position médiane incommode, qu'il occupait avec son peuple en Pannonie, entre l'empire romain d'Orient et l'empire romain d'Occident, et à entreprendre une expédition en Italie, il écrit entre autres ce qui suit : « Théodoric n'emmena du peuple entier des Goths que ceux d'entre eux qui lui donnèrent leur assentiment, et partit pour l'Hespérie. » Nous savons d'autre part que, lorsque les Lombards ont poussé plus loin vers le Sud, ils ont laissé des parties de leur peuple dans leurs anciennes propriétés sur les bords de l'Elbe inférieure (Bardengau, Bardewik). On en peut dire autant d'une partie des Vandales silingiens, restée en Silésie. Cette partie a été assimilée plus tard par les Slaves, qui arrivaient après, mais non sans avoir donné au pays le nom germanique, qui devait lui rester à jamais. Sleza, le nom slave du pays, n'est autre chose que la dénomination primordiale Silingia. (Müllenhoff II, 92.)

Il est donc probable que certaines parties du peuple burgonde soient restées en Haute-Lusace et que, de même, des restes d'autres tribus germaniques se soient maintenus en Basse-Lusace. Le puissant royaume de Thuringe, qui s'étendait à l'est jusqu'à l'Elbe et au sud jusqu'au Danube, empêchait d'une part les migrations qui ont pu être projetées ultérieurement et offrait d'autre part un certain appui contre la poussée toujours plus forte des Slaves affluant de l'est.

L'immigration des Wendes et leur civilisation

Il est inadmissible qu'une région telle que la Haute-Lusace, qui a si fortement tenté les colons, dont le sol en certaines parties se compose même de lœss de grande fertilité, ait pu rester inhabitée bien longtemps. Selon toutes les apparences, une partie peu nombreuse du peuple burgonde, restée dans le pays, a pu le défendre durant un certain temps, grâce à la chaîne de montagnes protectrice au sud et à l'est. C'est ce qui doit avoir été d'autant plus possible, que d'autres Germains ont dû habiter la Basse-Lusace à cette époque. Toujours est-il, que nous n'avons aucune connaissance d'une migration, qui serait survenue en même temps que ou bientôt après celle des Burgondes. En eût-il été ainsi, on aurait sans nul doute trouvé en Basse-Lusace des vestiges d'une nouvelle colonisation par un autre peuple. Il est certain, d'autre part, que les Germains ont quitté tant la Haute-Lusace que la Basse-Lusace, et que des peuplades slaves ont pris leur place. Pour de bonnes raisons, on a fixé le commencement de l'immigration des Wendes au centre de l'Allemagne à la même époque que la décadence du royaume autrefois puissant de Thuringe (531), qui s'étendait jusqu'à l'Elbe, et qui, jusqu'à sa fin, amenée par les Francs, avait assuré une certaine sauvegarde des frontières dans ces régions.

Ce n'est que vers 568 que les Slaves purent, sous la protection des Avares qui les commandaient, atteindre les bords de l'Elbe et pénétrer en Bohême et en Hongrie. Cela leur fut possible parce que les Francs, maîtres en ce temps-là de la Thuringe, avaient été battus par les Avares qui avaient paru depuis peu de temps, et une partie des Saxons du nord de la Thuringe avaient émigré pour l'Italie avec les Lombards, et en conséquence les Souabes du Nord (Semnones) avaient échangé leur pays à l'est de l'Elbe pour le territoire à l'ouest de ce fleuve entre le Harz et la Bode. Ce ne fut que 30 ans plus tard (595), après que Childebert eut presque exterminé dans de rudes combats les Warnes révoltés, qui avaient formé l'aile est de l'ancien empire thuringien, que les Slaves, d'abord sous la souveraineté des Francs, ont colonisé le pays jusqu'à la Saale. Ils se délivrèrent des Francs en 630, sous leur duc Déruamis avec l'aide d'un prince slave voisin (v. p. 20). Vers ce temps le reste des Warnes fut subjugué par les Slaves et slavisé. Grâce à leur valeur militaire, ces Warnes ne tardèrent pas à se relever et à constituer au sein des Daleminzes une caste guerrière, les Withases. Ce mot est d'origine germaine, il désigne d'abord sous la forme Wiking les Lombards qui habitaient le bord de l'Elbe inférieur (Bardowik, Bruneswik, Osterwik). Puis, sous son ancienne forme (en vieux frison), « wiking, witsing, wising », le nom s'est propagé vers le sud et désignait au ve et au vi^e siècles les couches dominatrices des Warnes de la Thuringe orientale. C'est là que les immigrants slaves l'ont repris pour le répandre parmi toutes leurs tribus dans le sens de « héros », « guerrier », slovaque : vitez, sorabe : vitez, tchèque : vitez « vainqueur », polon. wyciezca, petit russe : vytaz et vitaz « guerrier ». Mais en haut sorabe, surtout chez les Daleminzes, le mot « vicaz » a outre son sens ordinaire de « héros » encore une acception sociale : « paysan vassal », « cavalier ». (Ernst Schwarz, *Zeitschrift für slavische Philologie*, tome II, fascicule 1-2, p. 104, et suiv.).

L'immigration des Slaves et des Wendes qui, eux, faisaient partie de la masse slave, a constitué un des changements les plus décisifs dans la colonisation de l'Europe. En fait, dans ses conséquences ultérieures elle a soumis, pendant des siècles, à une race étrangère, toute la moitié orientale du sol actuellement allemand, après que ce territoire eut été colonisé pendant plus de cinq siècles par des Germains. Il est très étrange que ces grandes modifications du groupement des peuples n'aient laissé dans la littérature latine, qui ne sommeillait pas complètement à cette époque, aucune mention précise, ni même d'indications occasionnelles. C'est bien là une preuve que la marche en avant des Slaves, aux différents degrés de latitude du pays qui s'étend entre l'Adriatique et la Baltique, s'est effectuée sans combats qui aient remué le monde, mais plutôt par surprise, ou en refoulant petit à petit devant eux les faibles lignes des Germains. Le sort de ces minorités germaines, submergées dans les premiers flots de Slaves, ne nous sera probablement jamais expliqué, faute de documents historiques. Peut-être ont-elles été vaincues en partie dans des combats locaux ou se sont-elles fondues partiellement dans la masse des immigrants, comme nous avons pu le voir par le sort des tribus guerrières des Withases (p. 18). Elles n'ont pourtant pas disparu sans laisser de traces; elles ont sans doute servi de guides tout au moins aux peuplades étrangères et leur ont transmis le nom germanique des fleuves et des montagnes. Car, tout gênants que soient ces faits pour les Slaves chauvins et leurs partisans, une chose reste certaine : la plupart des noms de fleuves et de montagnes des nouveaux pays tchèques, sorabes et polabes, sont, non pas slaves, mais germains, et la forme slave provient de la forme germanique : Oder = slave Odra, Elbe (Albis) = slave Laba, Mulde = slave Moldawa,

Havel=Habula, récipient ou suite de lacs, Spree =Spravia, Spregia, la jaillissante, bouillonnante, Elster=Alestra, de l'ancien haut-allemand elirastrod = fleuve bordé d'aulnes; de même, il est prouvé par les investigations linguistiques modernes, que les noms March, Waag, Beraun, Schwarzawa, Iglawa, Olmütz et autres sont germaniques. La plus ancienne dénomination de l'Erzgebirge dans la chronique du couvent de Moissac, dans le midi de la France en l'an 805 : Fergunna, est également germanique (gothique *fairguni* = montagne boisée, haut-allemand moyen Virgunt), de même Miriquidi, que Thietmar de Mersebourg (1004) emploie encore comme nom de l'Erzgebirge, est tiré de la langue germanique du nord ou du vieux saxon et signifie : sombre forêt (*mirki widu*).

Mais les Germains restés dans ces territoires orientaux n'ont pas seulement transmis aux nouveaux possesseurs du sol les noms géographiques, mais également d'importantes parties de la civilisation germanique. Et cette culture était déjà de beaucoup supérieure à celle des Slaves de cette époque, par le seul fait que les Germains habitaient plus près des Celtes et des Germains romanisés des bords du Rhin et des pays alpins, avec

2

lesquels ils entretenaient des relations commerciales. Ce sont non pas les peuples slaves, à peine sortis des marais du Pripet comme pêcheurs, chasseurs et éleveurs de bétail, ce sont les peuples germains, qui ont, les premiers, soutenu l'empire romain à son déclin et qui, l'ayant revivifié de leur jeune sang, ont conservé à l'humanité l'antique notion de l'Etat, de même que l'héritage d'art et de science de l'antiquité. Que ceux à qui cette idée ne paraît pas concluante aillent à Ravenne et qu'ils y voient dans les baptistères et les églises comment l'art antique, sous le patronage du roi des Ostrogoths Théodoric et de ses conseillers, a continué de cultiver et de faire épanouir tout ce que l'époque de la Gallia Placidia avait laissé de beau, — le beau qui fit de la ville de Ravenne le berceau de l'art roman pour l'Italie, la France et l'Allemagne. Une fois que le peuple des Goths, si doué, si admirablement organisé, se fut épuisé dans les guerres incessantes contre les généraux byzantins, et les armées de mercenaires, le visage de l'art et de l'État antique prit la rigidité cadavérique et les traits hippocratiques qui nous paraissent indissolubles de l'idée byzantine.

Avant que leurs hordes nomades ne fussent devenues de vrais peuples, formant de véritables

États, les Slaves — en particulier les Tchèques et les Wendes — sont allés, en quelque sorte, à l'école germanique, capables de se développer au plus haut degré, l'intelligence jeune et accessible à tous les progrès de la civilisation. Les Tchèques, qui avaient pénétré en Bohême, l'ancien pays des Marcomans, apparaissent dans l'histoire d'abord comme valets et serfs des Avares mongols. Aujourd'hui encore le mot « Avare » signifie « géant » (tchèq. obr, slovaq : obor) chez les Tchèques et les Slovaques. Ce terrible esclavage sous le joug d'une peuplade nomade de brigands turco-tartares nous est peint en tableaux vraiment émouvants par le Franc Frédégar (660) et dans la chronique du Russe Nestor, qui écrivait vers 860 (Peisker, p. 295). Ils en furent délivrés en 626 par le roi et premier fondateur d'un État tchèque, qui décida également les Sorabes voisins à s'allier à lui et qui régna pendant 40 ans jusqu'aux frontières de la Thuringe. Qui était ce fondateur « tchèque »? Un Germain, le commerçant franc Samo ! — Chez les Daleminzes nous trouvons des « Withases » revêtus de l'autorité de préposés de village (voir page 40), et suivant une notice du couvent de Saint-Emmeram, à Ratisbonne (vers 850), 30 civitates (= districts) chez les Milzènes de la Haute-Lusace. Il y a donc une subdivision du peuple, ce qui fait supposer un certain ordre social et rappelle les centuries des Germains. Il est évident que les Daleminzes et les Milzènes ont repris ces organisations des Germains qui s'étaient assimilés à eux.

Dans quels domaines la vraie civilisation nationale slave des Wendes se montre-t-elle? Faute de tout document écrit en langue slave datant de cette époque, nous ne pouvons élucider cette question qu'en tirant des déductions du vocabulaire de la vieille langue slave, en ce qui concerne l'antique civilisation slave, et qu'en comparant les habitations et les tombeaux wendes aux habitations et tombes germaniques de l'époque de La Tène et du temps de l'empire romain découverte en Lusace. Tandis que la plupart des mots ayant rapport à l'État et à la guerre, tels que, par exemple, empire, comte, burgrave, chevalier, famille de chevaliers, fief, bailli, douane, sont tous des mots empruntés à l'allemand par la langue slave, d'autres, comme staroste (doyen), starostie, village, district et chef de district (Zupa, Zupan), ne paraissent pas être des mots d'emprunt et expriment probablement d'anciennes notions slaves. Les vases d'argile et autres objets trouvés dans les tombeaux slaves sont primitifs et pauvres : au lieu des ornements en argent et en bronze des tombeaux germains, on y trouve en général des aiguilles et des alènes en os, des pointes de flèches et des couteaux en silex, et, çà et là, de petits anneaux en mauvais bronze qui servaient d'ornements pour les tempes. Les vases employés dans les temps les plus reculés ont été formés sans tour de potier, la forme en est grossière, les parois épaisses. Des progrès se montrent dès que, sous la domination allemande, le tour de potier fut mis en usage. Ce tour n'est pas une invention des Wendes, il était déjà en usage à l'époque de La Tène chez les Germains, qui l'avaient apporté de l'Ouest. Les Wendes apprirent à orner les vases faits au tour au moyen de jolies lignes ondulées, tracées par un peigne appuyé contre le vase qui tournait sur la roue (ornement rappelant le rempart d'un château Burgwallornoment).

La pauvreté en métaux de la civilisation wende est frappante. Les quelques faucilles qu'on a trouvées dans le sol wende sont d'introduction étrangère. Ce ne fut que sous la domination allemande que les Wendes apprirent, des Allemands, à fondre le minerai de fer trouvé à fleur de terre dans l'herbe, et à forger le fer fondu. De même l'agriculture était encore très primitive chez les Wendes. Une grande partie du peuple avait vécu d'abord en petits groupes, administrés chacun par un doyen (staroste), des produits d'une exploitation très élémentaire des prairies et des eaux et en faisant un peu d'apiculture au milieu des grandes étendues d'eau et de forêts de la Lusace. C'est sur le sol allemand que leurs débuts si primitifs dans l'agriculture progressent un peu. Ils labourent de véritables champs, mais ils ne se servent que de l'antique charrue en bois du genre appelé « croc », qui n'entame le terrain que légèrement, et non de la large charrue en fer, qui creuse de profonds sillons, et dont les Allemands se servaient (1).

Les os, trouvés autour des anciens foyers, prouvent que les Wendes se nourrissaient non seulement de poissons et de gibier, mais aussi de viande de bœuf et de porc, particulièrement les habitants de la Haute-Lusace, qui en consommaient une plus grande quantité que ceux de la

---

(1) Dans le journal *Serbske Nowiny*, 1925, n° 60, 12, III, on disait récemment que le mot *Pflug* « charrue » tchèq. *pluh*, était un vieux mot d'origine slave. En réalité, ce mot, *plôgaz* dans la langue germanique de l'Ouest, a été emprunté au rhéto-romain par l'ancien haut allemand primitif (*pflôg* ou *plôg*), auquel le slave l'emprunta à son tour.

Jeune paysanne des environs de Dresde (vers 1800)
Gravé et colorié par Samuel Gränicher (1758–1813)
Table 2

Basse-Lusace. L'expression wende si offensante de Smurdes (c'est-à-dire les « puants ») qui désignait les paysans inférieurs, montre le contraste qu'il y avait entre ces derniers et la noblesse qui les dominait. La même différence sociale se retrouve dans les bâtiments. Les Wendes inférieurs habitent dans de petites huttes, construites sans ordre autour d'une source ou d'un étang (v. p. 40), huttes en argile et en bois, sans pierres. Les notables habitent des châteaux primitifs, qui en Haute-Lusace, sont bâtis en argile et s'élèvent presque toujours au coude d'une rivière, sur une pente abrupte. Ils reposent sur une assise de bois en forme de cercle et sont soutenus par une rangée extérieure de pieux et par une autre rangée intérieure. Devant ces défenses se trouve un fossé profond. Les murailles en forme de rempart n'ont été construites qu'après que les pieux eurent été brûlés pendant la conquête, de façon que les murs d'argile, devenus de la brique sous l'action du feu, ont formé en s'écroulant une sorte de rempart. Les relations commerciales semblent avoir été peu développées dans les Lusaces, le fait est qu'il n'a pas été trouvé de monnaies antiques. Quant aux pièces d'argent découvertes en coupures, elles ne datent que de l'époque de la domination allemande. Nous ne savons que peu de chose au sujet du culte des Wendes pour les divinités païennes, tout ce qui nous est raconté de Czerneboh (1) et de Bieleboh (2), ainsi que de Flins étant de pure invention fantaisiste moderne. Les Wendes semblent toutefois avoir connu le culte du soleil, puisqu'ils enterraient leurs morts, comme le faisaient les Germains, la face tournée vers le sud ou le sud-est, mais ils adoraient en outre des dieux sombres et terrifiants. C'est là une conséquence des souffrances endurées sous la cruelle domination des Avares. La tête, qui se trouve dans le mur de l'église de Gahlen, dans la Basse-Lusace, et la statue aux yeux énormes et saillants, encastrée dans le clocher de Zadel, aux environs de Meissen, pourrait bien être ce qui reste (v. pl. 4) de statues de divinités wendes. En somme, la vieille civilisation slave est celle d'un peuple primitif.

Quelques écrivains aiment à détourner les regards des trouvailles plutôt pauvres, restes de la civilisation wende en Saxe et en Lusace, pour les diriger sur les villes wendes plus brillantes, situées près de la mer Baltique, en particulier Arcona et Rethra. Or il s'agit là d'une civilisation

(1) Le dieu noir.
(2) Le dieu blanc.

wende bien postérieure (des XIe et XIIe siècles après J.-C.) sur laquelle l'influence des Allemands voisins s'était fait sentir pendant des siècles. Quant au « temple-château » d'Arcona, il y a beau temps qu'il a été déterré. Pour ce qui est de Rethra, on ne connaît pas même l'endroit où elle était située, bien que deux endroits pourraient entrer en ligne de compte, c'est-à-dire une petite île dans le Tollensee, près de Wustrow, et le Schlossberg, près de Feldberg. A ces deux endroits, les fouilles ont mis à nu une masse de matériaux wendes que l'on a publiés dans des ouvrages qui sont à la portée du public. La civilisation matérielle des Wendes s'y montre également d'autant plus misérable, que les ouvrages et les sculptures en bois, qui feraient peut-être une meilleure impression, ne sont pas conservés. La plupart des armes sont d'importation allemande ; seuls le couteau en fer dans une gaine de cuir, avec appliques en bronze, que l'on mettait dans la sépulture de ceux que l'on enterrait, et de nombreux anneaux pour les tempes, composés d'un bronze de qualité inférieure, formé d'un alliage de cuivre, de zinc et de plomb, semblent être le produit de l'industrie du pays. La céramique montre les caractéristiques habituelles ; il n'y a pas de constructions en pierre.

A la vérité, les découvertes de trésors en monnaies et en argenterie coupée en morceaux prouvent que les Slaves de la Baltique prenaient part au commerce que faisaient les Byzantins et les Arabes ; d'autre part, il est étonnant que tant d'objets utiles (poinçons, alènes, ciseaux, pointes de flèches) soient encore en corne et en os, tant de couteaux encore en silex (1).

En présence de ces faits, on comprendra à peine comment certains écrivains ont eu le courage et le front de fausser la vérité, en prétendant que la

(1) Aug. Vierset, *Un peuple martyr*, p. 20, émet l'opinion fantaisiste, que les savants allemands se seraient opposés à toute recherche sérieuse dans les ruines d'Arcona et de Rethra afin d'empêcher que les preuves de la haute civilisation slave que l'on pouvait s'attendre à y trouver, ne fussent mises au grand jour. Que l'on compare à ce jugement le résultat des fouilles cité plus haut. Vierset met en relief (p. 19) « la fameuse idole à trois têtes, le « Triglav », découverte en Poméranie en 1852, offerte à Pie IX et qui impressionne les visiteurs au Vatican par sa beauté singulière et son originalité ». Comme je n'en ai rien vu dans mes visites aux collections du Vatican, à Rome, j'ai écrit au directeur de l'Institut archéologique du Reich à Rome, M. Amelung, qui, sous les auspices de cet Institut, a rédigé le catalogue scientifique des collections du Vatican. Voici sa réponse : « Toutes les recherches faites au Vatican relativement au « Triglav » à trois têtes ont eu un résultat négatif. Personne au Vatican ne sait rien relativement à cette statue, ni à ce qu'elle peut être devenue. »

civilisation des Wendes aurait précédé et dépassé celle des Allemands (1).

Le président de la République tchécoslovaque, M. Masaryk, s'exprime autrement sur cette question, lorsqu'il dit dans son nouveau livre, relatif à la question tchèque : « En dépit de toutes les protestations contre les Allemands, ceux-ci, de fait, restent cependant nos instructeurs. Je reconnais toujours mieux que les Germains se rapprochent le plus du caractère des Slaves. De même qu'au temps de Kolar, nous avons emprunté plus tard aux Allemands des idées et des institutions nationales. Ceux qui nous ont réveillés avaient trouvé leur base philosophique dans la philosophie allemande, qui devait fournir la base pour nos efforts anti-allemands. Ceux qui nous ont réveillés n'ont pu se servir que de la philosophie allemande en vue de la culture tchèque. En effet, même les idées françaises et anglaises n'arrivaient jusqu'à nous que par l'entremise des Allemands.

(1) Vierset, p. 22 : « On trouve, d'ailleurs, un assez grand nombre d'œuvres d'art wendes : Lampes, urnes, incrustations, poteries, objets et bijoux dans les musées publics et privés allemands, mais ils sont étiquetés comme des spécimens d'art tudesque primitif et servent ainsi à consolider l'idée fausse d'une civilisation teutonne, dans les premiers siècles de notre ère, au détriment de la civilisation wende qui les a produits. »

Pendant longtemps, la langue allemande a été employée dans nos ouvrages scientifiques. Nos plus grands hommes écrivaient en allemand. »

Malgré toute l'estime et toute l'amitié que nous avons au fond du cœur pour nos concitoyens de souche wende, nous devons résumer notre opinion relative au degré de la civilisation wende, degré qui s'est formé d'après leur propre part d'héritage, dans la comparaison suivante : Un petit enfant malingre, dénué de tout, est couché dans le berceau de l'histoire du monde. Dès le début de sa vie, la haute et puissante figure de la civilisation allemande vient à lui, pour lui servir de nourrice et le soutenir, et reste à ses côtés, le soignant charitablement.

Les pays à l'est de la Saale et de l'Elbe reconquis par les Allemands

Les Allemands n'avaient pas oublié le pays situé au delà de la Saale et de l'Elbe. L'idée de le reconquérir leur vint certainement par le manque de sécurité aux frontières. Des troupes slaves, venues de la région qui devait être plus tard le « Vogtland », avaient déjà passé la Saale dans son cours supérieur dans la direction de l'ouest, et avaient fondé un territoire ethnique wende dans le bassin supérieur du Main. Quelques colonies wendes disséminées se rencontrent de même à l'ouest de la Saale en Thuringe. « Çà et là pourtant, la population slave, non la domination slave, a traversé la Saale et l'Elbe » (Otto Kaemmel). C'est ainsi que le puissant empire carlovingien, qui s'était constitué grâce à l'énergie et la puissance de la tribu germanique des Francs et qui, outre les pays francs, comprenait les territoires des Alamans, des Thuringiens, des Saxons, des Bavarois, des Lombards et des Avares, donc toute l'Europe centrale, depuis la Marche espagnole jusqu'au Theiss, de l'Eider jusqu'au cap de Circé (Terracina), c'est ainsi, dis-je, que le puissant empire carlovingien devait songer à une protection efficace de sa frontière orientale. Celui qui a organisé cette défense avec le plus grand succès a été l'Empereur Charlemagne. Il fonda, depuis la baie de Kiel jusqu'à l'Elbe et, en remontant le cours de ce fleuve (Magdebourg), la Marche saxonne, puis la Marche sorabe le long de la Saale, la Marche bohémienne dans le district du nord et, tout en commençant l'œuvre de la colonisation allemande contre les colons slavons du sud-ouest, il établit, par cette action dans cette partie du continent, la Marche de l'Est (Haute et Basse-

Autriche). Il est vrai qu'à l'occasion Charlemagne se servait de l'aide des Sorabes et des Obotrites pour attaquer dans le dos les Saxons obstinés, qu'il soumit, à l'aide des Obotrites, de même les Wilzènes, Slaves eux-mêmes. Or cela ne signifie nullement qu'il fût ami des Slaves ou qu'il lui vînt à l'esprit de permettre la formation d'un État central slave. Cette alliance avec les Obotrites n'a été qu'un acte de sa souveraineté absolue dans l'emploi de ses moyens. Il poussait à son gré, en vue d'atteindre les buts qu'il visait, de grandes et de petites tribus de ses peuples, comme des pions sur un échiquier. Les Wilzènes slaves, subjugués aussi, en firent l'expérience. De même qu'il avait transplanté les Saxons rebelles dans les environs de Francfort-sur-le-Main, de même aussi, pour briser la force de résistance des Wilzènes, il transplanta de grandes parties de cette tribu au delà de l'Elbe, dans les environs de Lunebourg. Ce sont là les ancêtres des Slaves dont on retrouve les traces dans cette contrée jusqu'au XVIIIe siècle, mais qui, par assimilation pacifique, se sont fondus complètement dans la masse prépondérante des Allemands. En 1798 mourut à Cramlin, l'aubergiste Warratz, — le dernier Hanovrien qui sût encore réciter une prière en langue wende.

Ceux qui considèrent ces Wendes de Lunebourg comme des Obotrites qui auraient conquis de leurs propres forces des territoires habités à l'ouest de l'Elbe, oublient que la fière et puissante tribu des Saxons n'aurait jamais toléré ces étrangers dans son sein s'ils n'avaient pas été introduits dans leur pays par Charlemagne, leur vainqueur. Au surplus, Charlemagne n'était pas un souverain étranger aux Saxons, mais bien un allemand qui ne reniais aucune des traditions de sa nation, qui faisait collectionner les vieilles chansons épiques allemandes, qui travaillait à une grammaire allemande et remplaçait les noms latins des mois et des vents par des noms allemands. Il paraissait aux Slaves si auguste et si grand souverain, que son nom — en slave, Kralj — se retrouve dans presque toutes les tribus slaves comme titre de roi.

A vrai dire, Charlemagne n'en est pas arrivé à une entreprise décisive contre les Wendes. Il avait d'autres tâches encore plus importantes. La nouvelle conquête des contrées de l'Est, momentanément abandonnée, fut réservée à un autre souverain allemand, le roi Henri Ier. En sa qualité d'ancien duc de Saxe, le roi Henri se sentait tout particulièrement appelé à remplir cette tâche ; il y fut poussé, non seulement par des motifs et des considérations d'ordre général allemand, mais d'ordre particulier au point de vue de la Saxe. La campagne, préparée par une réforme de l'armée et par de plus grandes mesures de sûreté pour la défense de la frontière orientale, telle qu'elle existait à ce moment-là, au moyen de forteresses comme celles de Mersebourg et de Quedlinbourg, fut entreprise en trois sections, ceci conformément aux subdivisions des régions et des tribus slaves. La première armée arriva au milieu de l'hiver de 927 à 928 à Brandebourg, chef-lieu des Hévelles, et dont le nom avait été à l'origine — les archives le prouvent — « Brenaburs » et « Brendanburg », c'est-à-dire « le château fort sur le terrain de la forêt brûlée ». La deuxième atteignit Gana, principale forteresse des Daleminzes, au printemps de 928 ; la troisième armée traversa en été l'Erzgebirge, pour atteindre Prague, où le duc de Bohême rendit hommage au roi et lui promit de payer tribut. La seconde armée, dirigée contre les Daleminzes, visait surtout le territoire sorabe-wende, dans le sens le plus restreint du mot. Or nous disposons pour la première fois, concernant cette expédition et la situation d'alors dans le pays conquis des Slaves, de la relation d'un homme cultivé, que l'on peut considérer presque

comme contemporain, l'évêque Thietmar de Merseburg (vers 950-1018). Il raconte dans son « Chronikon » (1,3) que le duc Henri, avant de devenir roi, avait déjà organisé une expédition dans le district de Glomazi, et ajoute en guise d'explication : « Glomazi est une source éloignée de deux lieues, à peine, de l'Elbe. Elle forme de ses eaux un lac et les natifs assurent, ce que beaucoup de témoins oculaires attestent, que ce lac montre d'étranges phénomènes. Lorsque la paix rend heureux les habitants du pays, que les champs portent leurs fruits, le lac, couvert de froment, d'avoine et de glands, remplit de joie le cœur des habitants qui affluent sur ses bords. Lorsque, au contraire, une guerre féroce menace, il annonce infailliblement par une pluie de sang et de cendres ce qui va arriver. L'indigène respecte et vénère cette source beaucoup plus que les églises chrétiennes, quand bien même il n'a en elle qu'un faible espoir. C'est d'elle que la contrée qui s'étend de l'Elbe jusqu'à la Caminizi (Chemnitz) tient son nom. »
Il faut donc chercher ce centre religieux des Slaves de l'Elbe, non pas dans la ville actuelle de Lommatzsch, mais dans les environs d'Altlommatzsch, centre politique de la région. D'après l'opinion populaire, il faudrait le chercher dans

l'étang, aujourd'hui desséché de Paltzschen, et il est intéressant de remarquer que le terrain de Paltzschen, de Lantzen et de Dörschnitz, situé au bord du ruisseau de Keppritz, s'appelle encore de nos jours le « Tanzplatz » (Sabbat). Il est probable que le district de Glomazi était protégé par une ceinture d'ouvrages fortifiés dont la ligne correspondait à peu près à ce qui fut plus tard le système des châteaux forts allemands, qui s'étendait de Haut-Warthe jusqu'à Mugeln et revenait au bord de l'Elbe près de Strehla. Henri, venant du nord, rompit la ceinture fortifiée près de Jahna sur la Jahna, à un point faible, où une succession de collines élevées ne rendaient pas une attaque très difficile, comme cela aurait été le cas plus à l'est et à l'ouest ; par sa trouée, il laissait la vallée de la Jahna derrière lui. La forteresse slave de Gana, qu'Henri détruisit après un siège de vingt jours, ne se trouvait pas dans le village de Jahna, mais sur le plateau situé devant le village où, aujourd'hui, se trouve le cimetière. De là, son armée marcha jusqu'au lac de Glomazi, d'où elle continua à s'avancer jusqu'à l'Elbe. C'est là qu'il accomplit un des faits les plus importants de sa vie en érigeant sur les rochers de granit abruptes, à la sortie des vallées du Triebisch et de la Meisa, le château fort de Meissen, qui devait rester le point de départ de la domination allemande dans toute la région des Daleminzes et en même temps le point initial d'un rattachement futur des districts de la Lusace à l'empire allemand. La génération suivante vit un margrave indépendant, qui régna sur la contrée, et en 967, le château fort de Meissen devenait la résidence du premier évêque, Burkhard, que l'empereur Othon fit venir du couvent de Saint-Emmeram, à Ratisbonne.

Quelques écrivains slaves cherchent à créer la légende que des tribus entières de Wendes auraient été exterminées à cette époque par les Allemands. C'est là une exagération tendancieuse et malveillante. Certes, d'après les rudes usages de guerre, non seulement chez les Germains, mais chez toutes les nations de l'époque qui nous occupe, la prise d'assaut d'une place forte faisait couler des flots de sang. Ainsi, Widukind écrit ce qui suit de la prise d'assaut de Gana : « Le butin de la ville fut donné aux guerriers ; tous les hommes adultes furent tués (1), les jeunes gens

(1) *Widukind*, I, 35. Les Slaves n'ont pas agi autrement lors de la conquête de Libusa, en 1012, par les Polonais. V. p. 44.

des deux sexes furent faits prisonniers et réduits à l'esclavage ».

Mais, en général, les villages slaves de l'arrondissement de Lommatzsch, dont la plupart étaient de petits hameaux, situés sans ordre autour de la source ou de l'étang du village (j'évite à dessein l'expression Rundling, « village construit en rond », le Rundling étant une organisation allemande, non pas slave), continuèrent d'exister, intacts, sous la suprématie allemande ; de même, les districts slaves (« civitates », voir plus haut p. 23) furent conservés, y compris les supans (*Saupen*, « chef de district »), qui les administraient. Les villages dans lesquels siégeait un supan, devenaient souvent en même temps la résidence d'un commandant de forteresse allemand et le centre religieux d'une des rares grandes paroisses. Les *Vethenici* ou *Withases* « slaves » (p. 18) fournissaient aussi des gens armés pour la protection du château fort de Meissen et livraient des céréales et du bétail pour l'entretien de la garde du château.

Mais le nouvel ordre de choses était encore souvent troublé par les révoltes des vaincus subjugués et par les féroces assauts des Polonais qui, par exemple, ravagèrent en 1002 et 1005 l'arrondissement de Lommatzsch dans toute son étendue, de Zehren à Mügeln, et en chassèrent les habitants. Le château-fort de Meissen ne fut défendu qu'à grand'peine contre les assaillants polonais. Thietmar nous dit, dans le passage cité plus haut, que le lac de Glomazi, le sanctuaire de la contrée, fut conservé, quoique les Daleminzes eussent été convertis de force au christianisme. Cinquante ans environ après la fondation de Meissen, la domination allemande, s'étendant de la vallée de l'Elbe, traversait la Pulsnitz et gagnait la contrée de Milsca, pays des Milzènes, situé entre la Pulsnitz et la Neisse, nommé plus tard d'après la capitale, pays de Budissin, la Haute-Lusace actuelle. La tradition, — non prouvée, il est vrai — dit qu'en 957 le puissant et astucieux margrave Géro bâtit la forteresse allemande d'Ortenburg à Bautzen. Le nom d'Ortenburg est allemand, et signifie le « château fort du coin ou de la frontière ». Elle parut à l'évêque Thietmar être une forteresse particulièrement forte, car il la vante en racontant qu'en 1002, les murs en furent renforcés par des bastions (*propugnacula*). Le territoire qui limite au nord le pays de Budissin, la Lusace, dans le sens propre du mot, ou la Basse-Lusace actuelle, doit avoir été, déjà en ce temps-là, sous la domination allemande. En effet, en 1005, le roi Henri II s'avança de Dobraluh (qui fut plus tard le couvent de Dobrilugk) avec le ban de l'armée au delà de la crête de la région, située au sud du Spreewald, dans les environs de Guben, où les milices slaves « Liutizen » se joignirent à lui pour marcher contre les Polonais. Les combats contre les Polonais furent peu favorables pendant un certain temps. En 1008, à la paix de Bautzen, l'empereur Henri II dut céder les Lusaces et le pays des Milzènes, comme fiefs allemands, au duc polonais Boleslav Chrobry. Mais Boleslav, ainsi que son fils Miesko, ayant rejeté la suzeraineté allemande et pris le titre de roi, ce traité fut rompu, et en 1013, les deux Marches furent délivrées de la domination polonaise. Budissin revint à Eckhardt II, la Lusace à Didier de Wettin.

Ainsi se termine l'époque de la reprise de Meissen, du pays de Budissin et de la Lusace. Mais avant d'aller plus loin, nous devons nous occuper de la civilisation wende d'alors. Depuis que les Wendes se sont établis sur le sol germanique et se sont mêlés en quelque sorte aux éléments germaniques, cette civilisation, sans aucun doute, a fait des progrès, surtout dans le domaine de l'organisation sociale et du développement politique ;

En haut : Des ornements germaniques trouvés dans des sépultures en Silésie, en Lusace et près de Meissen

1. Pendentif en or du camp de tombeau germanique occidental de Prositz près de Meissen
2. Agrafe en argent de trois rouleaux sertie d'or trouvée dans un tombeau germanique oriental à Sakrau (Silésie), d'après Kossina : L'histoire des origines allemandes, 4e édition, page 157, d'origine vandale
3. Agrafe en argent de trois rouleaux d'un tombeau bourguignon à Litten près de Bautzen

En bas : De l'argent pilé arabe d'un dépôt fouillé près de Bautzen

Table 3

assurément aussi en ce qui concerne la technique, quoique ces progrès aient été moins attribuables à leurs propres inventions qu'à l'adoption d'inventions étrangères. Le commerce aussi, qui, chez les Slaves de l'Elbe et de la Lusace n'atteignit jamais, tant s'en faut, l'importance qu'il avait à Wollin (Jumne) ou à Prague, d'où les grandes lignes de communication conduisaient en Russie et à Constantinople, était cependant assez important pour être, sur l'Elbe, frappé de droits de douane, perçus à Belgern depuis 983 pour l'évêché de Meissen. A partir de cette époque, on trouve aussi, isolément, dans le pays de Meissen et en Lusace, des pièces de monnaie entières ou en coupures (pl. 3), ce qui permettrait de conclure à des relations avec les marchands arabes.

Dans cet ordre d'idées, je dois mentionner en passant la grande énigme de Libusa (Liubussua), que nous donne à deviner l'évêque Thietmar, dont le nom a déjà été cité à plusieurs reprises. Il nous raconte (I, 9, VI, 39 et 48), que le roi Henri aurai assiégé et détruit en 932 Liubussua, ville de 10.000 habitants, que lui, Thietmar, aurait rebâti en 1011 cette ville pour en faire une forteresse et qu'il y aurait mis une garnison de 1.000 guerriers. Profitant d'une inondation de l'Elbe, pendant laquelle on ne pouvait amener aucun renfort à la garnison, les Polonais auraient subitement attaqué la ville, dans l'été de 1012, et, l'ayant prise, auraient massacré toute la garnison. La même année, Thietmar serait allé à Libusa et en aurait parcouru les ruines, admirant leur étendue. La ville aurait eu douze portes, et au sud, sur une hauteur, se serait trouvé le château fort. Elle lui aurait rappelé les murailles et les portes de la forteresse que César avait construite devant Dyrrhachium. Si ce rapport était textuellement exact, on devrait avoir une beaucoup plus haute idée de la civilisation des Wendes de Libusa, que de celle de leurs congénères de Meissen et de la Lusace. Mais cela ne concorde pas avec toutes les autres observations concernant la civilisation wende à cette époque. D'autre part, on ne peut considérer Thietmar comme un homme qui ait eu l'intention de mentir. Nous devrons donc reconnaître comme vrai les douze portes et l'impression générale que faisait Libusa (en 1011, bien entendu), mais non point les 10.000 habitants de l'an 932 ni la comparaison avec les fortifications de César, devant Dyrrhachium. Cette comparaison est simplement basée sur une réminiscence de l'antiquité, analogue à celle qu'on trouve souvent chez les chroniqueurs du moyen âge, qui veulent prouver ainsi leur érudition. Quant aux « 10.000 habitants », il y a là une fausse appréciation du brave évêque de Mersebourg. Il n'avait pas vu, de toute sa vie, une ville de 10.000 habitants. Il n'y en avait pas dans toute l'Allemagne de ce temps-là. Toujours est-il, que Libusa (à mon avis, le village actuel de Lebussa, près de Dahme), reste un cas singulier, et l'archéologie allemande ira certainement cher un jour, en des temps meilleurs, la clef de cette énigme dans de nouvelles fouilles (1).

En attendant, on devra considérer Libusa comme une étape sur la très ancienne route de commerce, qui de l'ouest à l'est, conduisait de Torgau sur l'Elbe, en passant par Lübben, dans la région de Francfort-sur-l'Oder. L'étendue de la ville ne s'expliquerait que par le fait qu'elle offrait asile la nuit, non seulement aux marchands, mais encore aux chariots qu'ils conduisaient. Selon toute probabilité les murs n'ont pas été en pierre, mais en argile et en pieux, comme les autres forteresses slaves que nous connaissons. C'est ce qui explique la prise si rapide de la ville par les Polo-

(1) Voir mes *Kursächs. Streifzüge*, IIe, p. 324 et suiv.

nais. Néanmoins, on a l'impression, en lisant la relation de Thietmar, que le commerce était le domaine dans lequel les Slaves de l'Elbe et de la Lusace avaient fait depuis 900 les plus grands progrès. Par contre, dans le domaine le plus important de la civilisation, celui de l'agriculture, nous avons peine à constater un progrès réel des habitants. Au cours des quatre siècles de leur existence indépendante, ils n'ont fait, ni dans les montagnes de la Lusace, ni dans l'Erzgebirge, ni sur les hauteurs qui s'élèvent devant ce massif, de sérieux efforts pour défricher et ouvrir de nouvelles régions à l'agriculture. Ce travail capital de la culture du sol dans le pays des Wendes fut réservé, pour les deux chaînes de montagnes et leurs contreforts, aux colons allemands, qui ne sont arrivés dans le pays que plus tard.

La colonisation allemande et la conversion au christianisme de la Marche de Meissen et de la Lusace.

Parmi les enseignements importants que l'histoire de l'État romain a laissés à la postérité, se trouve l'axiome, suivant lequel celui qui cultive le sol du pays et le défend de son poing et de son sang en est le vrai maître. Tant que le Romain, conduisant ses bœufs blanc d'argent aux larges cornes, traça les sillons de sa charrue dans la terre brune et embaumée et qu'il protégea en même temps les frontières, il fut invincible; dès que Rome eut cédé ces travaux dans les provinces frontières, puis en Italie même, aux colons germains, ceux-ci devinrent, par le fait même et par un enchaînement logique d'événements, maîtres du pays et de l'empire. Si l'on applique cet axiome au pays des Wendes, il s'en faut de beaucoup que la reprise de celui-ci implique une complète possession. La population — composée de Wendes pour les neuf dixièmes, au moins — menait une existence supportable (v. ci-dessous, p. 40), à moins que le fléau de la guerre ne ravageât le pays. Les Allemands peu nombreux, qui se trouvaient dans les châteaux forts du pays, dans les quelques évêchés, les paroisses et dans les rares places fortifiées telles que Meissen et Bautzen, ne pouvaient amener la conversion effective des Wendes au christianisme et encore moins leur germanisation. Les Wendes n'ont pas su tirer parti de cette situation. S'ils avaient adopté les méthodes meilleures de l'agriculture allemande, ils auraient pu, peu à peu, faire valoir de nouveau leur influence. Mais loin de là, on entend formuler et répéter la plainte qu'ils négligeaient leurs champs, et que la dîme qu'ils avaient à payer au propriétaire de la terre ou au curé diminuait de plus en plus par suite du rapport toujours moindre de leurs terres. Le mécontentement qui en résulta dans les milieux dirigeants allemands inspira à ceux-ci le désir toujours plus répandu dans les masses allemandes d'aller acquérir à l'est des champs plus vastes et une liberté qu'il leur paraissait impossible d'avoir dans les provinces occidentales de l'empire, sous le régime féodal toujours plus oppressif; ce mouvement commença dès le XIe siècle dans la Flandre relativement surpeuplée et les contrées environnantes. Il mit en branle des troupes entières de colons flamands, rhénans et bas-saxons ; ces colons se mettaient presque toujours sous la direction d'un chevalier qui dirigeait cette expédition et la menait au delà de la Saale et de l'Elbe. Bientôt des paysans hessois, thuringiens et francs se joignirent aux expéditions dans le pays des Wendes. Les organisateurs de celles-ci étaient des seigneurs fonciers, séculiers ou ecclésiastiques, comme le fut par exemple ce descendant d'une lignée princière slave du Balsamerland, le comte Wiprecht de

Groitzsch, qui fit déboiser et défricher en 1104 les épaisses forêts de la frontière entre Schnauder et Wyhra et plus loin encore jusqu'à la Mulde et, à cet effet, alla chercher des paysans francs dans les environs de Lengenfeld près de Waldsassen et les établit comme colons dans de nombreux villages autour de l'abbaye de Lausigk. Un exemple de cette colonisation allemande avait déjà été donné en 1080 par l'évêque Gautier de Zeitz-Naumburg, au bord du territoire situé le long de la frontière, où se touchent les districts slaves de Zwickau en Saxe et de Mylau (Milin). C'est là qu'il réorganisa cinq villages en y établissant, comme colons, des paysans allemands sur un terrain de deux lieues carrées environ, situé dans le cours inférieur de la Göltzsch et sur les deux rives du Rauner. Il fonda en outre douze nouveaux villages sur un terrain vierge, probablement après avoir fait déboiser et défricher la forêt. Ces dix-sept villages avaient pour marché et pour refuge la petite ville (*oppidum*) de Reichenbach, construite également par l'évêque, à qui les paysans livraient la dîme prélevée sur le produit de leurs champs. Il n'est pas question de l'extermination de la population slave des cinq villages slaves. Il était de règle que ceux-ci donnassent la moitié des terres du village, comme dotation aux paysans allemands, chacun recevant 30 arpents (une Hufe franque). Ils gardaient le reste du terrain comme « Lassiten » (paysans que l'on a laissés) ou comme paysans censitaires, aux mêmes conditions que les Allemands (v. plus bas, p. 52 et suiv.). Malgré tout, la langue et les usages slaves ont entièrement disparu de l'arrondissement au cours des siècles, par suite du grand nombre de paysans francs et thuringiens que l'on avait fait venir, et d'une assimilation naturelle, résultant de l'énergie et de la valeur de ces éléments. Seuls les 100 noms slaves environ des villages de l'arrondissement, de même que plus de 360 noms allemands et quelques noms de famille wendes rappellent encore l'ancien mélange de races qui a eu lieu ici.

Dans la Marche de l'est, on usait aussi de ménagements avec la population wende, comme le prouve l'existence des Slaves qui sont encore en Haute et Basse-Lusace. Tandis que les Slovènes dans les Marches du sud-est ont exterminé tout ce qui était germain, de sorte que la méthode, empruntée aux Germains, de cultiver les champs et les outils agricoles, ainsi que le mode de construction des maisons et des villes, rappellent seuls l'époque germanique de ces pays ; tandis que plus tard les Hussites ont remplacé tous les noms allemands des localités jusqu'aux frontières de la Bohême saxonne par des noms tchèques, les colons allemands ont conservé non seulement les noms des villages slaves, mais leurs chevaliers ont renoncé à leurs vieux noms de famille allemands, qu'ils ont échangé contre le nom du village wende, qu'ils avaient reçu comme fief. Les chevaliers allemands de Vesta, par exemple, se nommèrent seigneurs de Kamenz après être immigrés en Lusace. Ainsi, tous les anciens noms wendes de localités en Lusace et en Saxe ont été tout bonnement conservés. Peut-il y avoir une preuve plus convaincante de la tolérance du peuple allemand et de la domination allemande ?

Au surplus, les documents fournissent des preuves de la douceur réfléchie avec laquelle les chefs de la colonisation allemande procédaient. J'en prends pour exemples les expériences que j'ai faites en parcourant la Basse-Lusace, et en particulier les archives de l'abbaye cistercienne de Neuzelle. Lorsqu'en 1268 ce couvent fut fondé par le margrave wettinien Henri, l'acte de fondation ne put mentionner un seul village dans le domaine — abstraction faite de la villa Starczedel, où était situé le couvent qui appartenait au monastère et qui mesurait quatre lieues carrées, — car cette partie nord de la Basse-Lusace était presqu'inhabitée alors. Il est probable que les cisterciens ont déboisé et défriché la forêt avec l'aide des « *Deditzen* » slaves et établi plus tard des paysans allemands et des « *Kossäten* » (journaliers wendes) dans les villages nouvellement fondés, toutefois, en procédant suivant les cas dans des proportions inégales. D'après le registre du cadastre de 1420, une des sources les plus importantes en ce qui concerne l'ancienne population et l'ancien régime juridique et économique de la Lusace, le village de Wellmitz comptait 60 paysans, 27 paysans journaliers (Kossäten) ; Möbiskruge 50 paysans et 8 paysans journaliers ; Bremsdorf 30 et 6, Schmerzkow 24 et 2. Wellmitz comptait donc environ deux fois plus de pères de famille allemands que slaves ; Möbiskruge six fois plus, Schmerzkow douze fois. On peut en conclure qu'une très forte migration allemande avait eu lieu dans ces contrées, et ainsi s'explique le fait que dans ces parages toute trace de slavisme a disparu. Les journaliers (*Kossäten*) paient une redevance au juge et aux paysans, et ils doivent faire des corvées pour les moines du couvent,

Comme leurs noms l'indiquent déjà, les villages de Schlaben, tout près de Neuzelle, et de Schlabendorf, près de Luckau, village de couvent qui appartenait à Dobrilugk, sont entièrement slaves. Schlaben, par exemple, n'a pas un seul paysan allemand, mais 14 journaliers qui doivent payer une redevance au couvent et faire des corvées. Ils ont pour juge le bailli du couvent. Il faut croire que ce village a été créé dans le but de fournir à l'exploitation rurale du couvent les aides nécessaires. Schlaben dépendait donc beaucoup plus du couvent qu'aucun des autres villages. De là vient que ses habitants sont aujourd'hui encore catholiques au milieu d'une population protestante. Or les « Kossäten » ou journaliers n'ont pas que des devoirs; ils ont aussi des droits : Ils ont une part à eux (bois, eaux et pâturages), sur laquelle les paysans ne peuvent abattre le bois, en outre ces journaliers-ci sont des hommes libres, qui, n'étant ni serfs ni valets, ne sont soumis ni au servage ni au valetage.

L'administration du pays plat était laissée en large mesure par les seigneurs fonciers aux anciennes *starosties* ou corporations d'éleveurs d'abeilles. Les starosties sont des corporations qui ont conservé les plus anciennes formes de la vie slave : propriété non pas particulière, mais commune du sol, jouissance commune des champs sous la direction d'un staroste (doyen) élu par les pères de famille. Les membres d'une starostie ne possèdent donc ni une centaine d'arpents de terre, ni ferme de *Kossäten*, « journalier » ; ils n'ont part qu'à la jouissance d'un terrain non cultivé en champ et se composant presque toujours de bois, prairies et eaux poissonneuses. Sur le domaine du couvent de Neuzelle, il y avait encore en 1420 quatre de ces starosties. Leurs membres étaient appelés *Zeidler*, « éleveurs d'abeilles », ou simplement *Deditzen*, c'est-à-dire « serfs ».

Le statut de la starostie de Ziltendorf est ainsi conçu : « Les éleveurs d'abeilles de la starostie habitent pour la plupart à Urath (l'ancien rempart slave, maintenant Aurith, sur la rive droite de l'Oder), paient dix demi-seaux de miel, mesure de Brandebourg ou de Beeskow, et possèdent des prairies pour l'élevage des abeilles. Ils ont en outre libre pâture sur leurs prairies et dans la forêt et peuvent bâtir de ce côté-ci de l'Oder des granges pour leur foin et des étables pour leur bétail. Ils peuvent aussi ramasser des glands, cueillir du houblon, les pommes et les poires sauvages de la forêt, mais sans empêcher les habitants de Ziltendorf et de Krebsjauche d'avoir leur part de la cueillette de houblon et de fruits, et ils ne doivent pas s'incommoder les uns les autres, ni faire des saisies. Or si l'un des habitants d'Urath n'a pas de pré pour ses abeilles et veut jouir des libertés susindiquées ou des prairies de ce côté-ci de l'Oder, il s'arrangera avec l'intendant (du couvent) pour obtenir ce qu'il désire, mais non pas avec les éleveurs d'abeilles (Zeidler ou Deditzes) ; s'il ne le fait pas et qu'il jouisse malgré tout de ces libertés, il sera pratiqué une saisie chez lui qui devra le corriger.

« Les éleveurs d'abeilles lèguent leurs prés à abeilles à leurs fils ou bien aux enfants de leurs fils, ou bien, encore, à leurs arrière-petits-enfants, c'est-à-dire à des serfs, tant qu'ils sont du sexe masculin, mais leurs parents du sexe féminin, femmes et filles, n'ont pas droit aux prés à abeilles, à moins que les moines du couvent ne veuillent les leur accorder par grâce et faveur spéciales. Chacun des éleveurs d'abeilles (Deditzes) est tenu d'installer, au courant de l'année, quinze nouvelles ruches (suspendues aux arbres de la forêt), mais pas davantage. Les éleveurs d'abeilles ou censitaires, qui livrent du miel, habitant dans l'enceinte du couvent ou se trouvant sous sa tutelle, ne sont pas serfs, comme cela est le cas dans plusieurs provinces, mais hommes libres, comme d'autres habitants censitaires de la contrée ». Je ne crois pas qu'on puisse trouver une preuve plus concluante des sentiments humanitaires des moines de Neuzelle envers les restes de la population wende, que celle qui ressort de la teneur de ce document. Il en était de même aux couvents de Dobrilugk et de Marienstern. Seulement, dans la Haute-Lusace saxonne, on ne retrouve pas de starostie; selon toute probabilité, cette ancienne forme de communauté sociale et de régime économique slaves avait déjà cessé d'exister avant la fondation du couvent de Marienstern (1248), cette contrée, beaucoup plus peuplée, ayant déjà établi de vrais villages précédemment, et ce sous l'influence allemande. Mais l'existence d'une starostie en cet endroit également, est prouvée par un document de Marienstern, dans lequel le juge d'un village est appelé staroste.

Le meilleur moyen de se faire une idée de la distinction juridique minutieuse avec laquelle les organes de l'administration allemande ont tenu compte des différences sociales traditionnelles qui existaient entre les différents groupements de la population slave de la Haute-Lusace et de la Marche de Meissen, nous est fourni par le document utilisé par Hermann Knothe dans son article intitulé : « Les différentes classes du servage chez les Slaves. » Cet article nous montre que, avant la colonisation allemande, les Slaves étaient en partie traités comme serfs par leur propre noblesse. En effet, il y avait au-dessus des masses deux états privilégiés, les Supans (baillis), qui exerçaient également la surveillance en matière d'impôts, et les Withases, qui servaient le souverain (plus tard le seigneur foncier) comme chevaliers. L'administration allemande n'a porté aucune atteinte à ces deux états privilégiés; elle les a, au contraire, confirmés et consolidés, en confiant aux Supans, ainsi qu'aux Withases, outre l'administration de leur district, le droit et l'obligation d'appartenir à la diète en qualité d'échevins, et en conférant à chacun des membres des deux ordres, une, deux ou trois *Hufen* (1) de terrain comme fief héréditaire. Ces ménagements ont peut-être été facilités, en ce qui concerne les Withases, par le souvenir du fait que ceux-ci étaient issus des restes de la tribu germanique

(1) Mesure agraire équivalant à une dizaine d'hectares.

des « Warins » (Wernen) (v. p. 18). — Mais les Supans de race slave aussi jouissaient de cette même faveur, et cela non seulement à l'époque de la nouvelle conquête et de la colonisation. D'après le tableau du droit de monte en 1334, il y avait encore parmi les 210 villages du bailliage de Meisen 60 *sub rusticis qui dicuntur « Witsezen »*, et 150 villages soumis aux Supans (*Saupen*). Un troisième groupe était constitué par les petits paysans (*Kossätes*, c'est-à-dire journaliers) qui, à l'exemple des Wendes, appelés *Smurdi* dans les plus anciens documents, sont soumis à de nombreuses corvées et prestations d'attelage, mais ne payent qu'un cens modique. La quatrième classe comprend les censéables ou Lassites, c'est-à-dire des paysans qui possèdent leur bien à simple titre de censive et versent de ce chef à leur seigneur foncier un cens relativement élevé, mais ne sont tenus, en revanche, qu'à de petites corvées et prestations d'attelage. La cinquième classe, la plus infime au point de vue du nombre et de l'importance, à savoir celle des *Proprii* (manants serfs), pour la plupart prisonniers de guerre ou descendants de prisonniers de guerre, forme la couche inférieure. Mais eux aussi avaient la possibilité de se racheter et de monter aux échelons

En haut: Idôle slave maçonné dans la tour de l'église de Zadel près de Meissen
En bas: Tête en pierre noire au mur extérieur de l'église de Gahlen, près de Kalau ⟨Basse=Lusace⟩, peut=être ce qui reste d'un idôle slave

Table 4

supérieurs du servage. Il n'est pas probable que ces cinq classes aient existé sur le sol national allemand dès l'immigration des Wendes ; leur organisation sociale plus ancienne doit avoir été plus simple : elle comprenait, outre les Supans et les Starostes, une catégorie d'hommes libres, les *Smurdi*. Ce n'est que vers l'an 600 après Jésus-Christ que les Warnes germains, s'assimilant aux Daleminzes, formèrent l'état de chevaliers des Withases; ce n'est qu'à partir de l'époque de la colonisation, que les conditions de dépendance des Wendes prirent la forme échelonnée indiquée plus haut. Malgré cela et en raison du matériel documentaire qu'il contient, l'article de Knothe, dont Peisker a écrit la suite, se recommande à quiconque prétend juger du traitement appliqué aux Wendes subjugués.

La colonisation rurale des anciens pays slaves fut complétée par la fondation de villes de nationalité allemande et de droit allemand. La vague de colonisation urbaine allemande s'est portée encore bien plus loin vers l'est que celle de la colonisation rurale. Pour ne citer que quelques exemples : Varsovie, Cracovie, Lwow, Budapest sont, à l'origine, des créations urbaines germaniques. Or, comme je tiens à limiter nettement la matière de ce livre, je vais me contenter de parler ici des villes allemandes situées à l'est de Saale et de l'Elbe.

Parmi ces villes, il en est qui constituent une catégorie spéciale : ce sont les villes situées dans les régions montagneuses de l'Erzgebirge saxo-bohémien, en particulier Freiberg et les villes qui en sont issues : Graupen, Schneeberg, Annaberg, Joachimsthal et autres. En ce qui les concerne, on doit se résoudre à faire table rase de la légende, malheureusement considérée comme vérité, même par quelques Allemands, suivant laquelle, dès avant la découverte d'argent à Freiberg, il y aurait eu, à d'autres endroits de l'Erzgebirge, une industrie minière exploitée par les Wendes. Ceux-ci, en réalité, reculèrent devant la sombre forêt, coupée de défilés rocheux, qui couvrait la crête de la montagne et descendait jusque dans les vallées. Ce n'était pas là un terrain approprié à la charrue-croc slave, et, de fait, les fouilles n'ont pas révélé le moindre vestige d'une seule habitation slave dans les montagnes. La colonisation de l'Erzgebirge est au contraire une entreprise purement germanique, à laquelle les Slaves n'ont pris aucune part. En effet, même les Bohémiens, qui se sont avancés d'Ossegg jusque dans les gorges stannifères de Graupen et dans les gisements d'étain du Mückenberg, n'étaient point des Tchèques, mais des Allemands de l'Égerland (1). Du reste, deux lignes directrices principales indiquent la voie suivie par la colonisation allemande : à savoir d'abord la route commerciale qui, du sud au nord, conduit de Nuremberg et de Leipzig à Hambourg et sur laquelle sont situées par exemple la ville de Reichenbach, mentionnée plus haut, et plus au sud celle de Plauen; puis, la route allant de l'ouest à l'est et dénommée « Haute Voie » qui, partant du Rhin et de la Thuringe, passe par Leipzig, se dirige vers Breslau et continue jusque dans la Pologne proprement dite. Cette dernière ligne conduisait, en passant par Wurzen et Oschatz, à l'Elbe, que traverse la grande voie commerciale entre Boritz et Merschwitz (au sud de Riesa), où cesse l'escarpement des rives, et où l'on peut accéder sans obstacle aux deux bords du fleuve. A l'est de l'Elbe, la première station est Grossenhain; puis viennent Kamenz, Bautzen, Löbau, Zittau, Görlitz et Lauban.

Dans la Basse-Lusace, la ville de Guben — si-

(1) V. mon ouvrage : *Kursächs. Streifzüge*, V, p. 278 et suiv. et p. 309.

tuée au confluent de la Lubis et de la Neisse, à partir d'où celle-ci est navigable et qui relie Guben à l'Oder et la mer Baltique, — fut la première qui obtint les droits municipaux (1235), qui furent ensuite accordés à Fürstenberg sur l'Oder, à Cottbus, Kalau, Luckau, Lübben, Spremberg et autres villes de cette région. Il est presque évident que les « petits paysans » (*Lassiten*), les « journaliers » (*Kossäten*) et les éleveurs d'abeilles slaves (*Zeidler*) ne reçurent tout d'abord aucun droit de domicile dans les villes allemandes créées par des bourgeois allemands. A cette époque, les villes étaient en même temps les forteresses du pays, et au XIIIe siècle les Slaves n'avaient pas encore donné la preuve de leur loyalisme. Mais ils habitaient comme pêcheurs et potiers dans les faubourgs, comme c'était le cas, par exemple, à Fürstenberg. Ils ne pouvaient recevoir les droits de bourgeoisie ni être admis dans les corporations des gens de métier et des commerçants de la ville, qu'à condition d'établir dûment leur « naissance légitime, libre et honorable », c'est-à-dire de prouver qu'ils étaient nés de parents allemands. C'était là une mesure de prudence pleinement justifiée. Il ne peut être question de prétendre que les Allemands aient pris aux Wendes leurs villes et qu'ils les aient chassés dans les campagnes. Il n'existait, dans la région de Meissen ni en Lusace, de villes, au sens juridique ni au sens propre du mot, avant que les Allemands n'en eussent construit. En outre, la mesure excluant les Wendes des villes a été atténuée dans la suite par le fait que les droits de bourgeoisie furent octroyés à des personnes sûres et bien recommandées, d'origine wende. Dès 1280, on trouve dans le Conseil de la ville de Berlin, outre cinq conseillers allemands, un Wende authentique : « Lüdike le Slave. » C'était là naturellement un cas exceptionnel, et ce Lüdike doit s'être signalé soit par son origine distinguée, soit par son intelligence, soit par l'une et l'autre. Mais même des Slaves de moindre qualité devenaient bourgeois. C'est ainsi qu'en 1430, le conseil municipal de Lübben reconnaît qu'un nommé Paul Schuster, originaire d'un domaine apicole à Gross-Luboltz et qui voulait devenir citoyen de Lieberose, s'est libéré de sa redevance en miel en la rachetant auprès du bailli, et en 1542, le bailli affranchissait un certain Georges Borg, ainsi que le fils Borg et les enfants de celui-ci des liens qui les rattachaient à la corporation des apiculteurs de Klein-Luboltz, « afin qu'ils pussent plus convenablement et plus facilement s'élever à l'exercice d'un métier d'artisan et y trouver leur subsistance ». Les obligations et les dispenses de ce genre ne doivent pas être interprétées comme des mesures particulièrement rigoureuses envers les Wendes; elles correspondent au contraire aux conceptions générales du droit médiéval et, en tant qu'il s'agit de l'antagonisme existant entre les villes et la campagne, elles étaient également applicables aux Allemands. Quelle longue évolution historique a dû s'accomplir par exemple avant que les artisans groupés en corporations aient pu exercer leur métier également dans les villages ! Encore en 1627, les maîtres des corporations de Zittau, accompagnés de recors du Conseil, brisaient les métiers appartenant aux tisserands, qui travaillaient dans les florissants villages germaniques, établis autour de la cité, et leur enlevaient le fil nécessaire au tissage; et un siècle s'est à peine écoulé, depuis que les Allemands jouissent en Allemagne du droit de libre domicile — tant que ce droit n'est point limité par la crise du logement!

Un regard d'ensemble sur ce que nous avons dit des motifs, de la réalisation et des effets de la colonisation allemande dans l'ancien pays des Wendes, nous montre clairement que ce grand mouvement, qui est peut-être, en ce qui concerne la civilisation, le fait le plus considérable que le peuple allemand ait accompli, est devenu un puissant levier pour la culture générale de l'Europe centrale et orientale. En effet, il a permis aux Allemands, jadis enserrés entre la Meuse, la Saale et l'Elbe, d'occuper la moitié orientale du territoire du Reich actuel, et d'assurer à notre peuple si nombreux l'espace nécessaire, sur lequel, malgré des contre-coups, il a pu se développer et devenir un puissant organisme politique. Cette colonisation a en outre converti en terrains fertiles d'immenses étendues de sol forestier et marécageux, restées incultes jusque-là; elle a ouvert à la lumière du jour les trésors métalliques miniers de l'Allemagne centrale, elle a remplacé les vieilles et insuffisantes formes de colonisation slave du *Quellweiler* (hameau construit autour d'une source) et de la starostie par les types supérieurs et plus pratiques du « Rundling », village à rue et à alignement; elle a introduit dans l'Europe orientale la forme modèle de la colonisation urbaine allemande et répandu, dans les villes comme à la campagne, un droit plus haut et plus libre, dont ont profité également les Wendes vaincus et même les Tchèques, parmi lesquels la situation sociale des populations rurales a été améliorée par le voisinage de villes allemandes; elle a, de plus, propagé bien loin vers l'est les formes affinées de l'art allemand, à savoir, par exemple, l'art roman dans son expression allemande et les formes, préludant aux idées de la Renaissance, de l'école de sculpture haute-saxonne, dont j'ai pu constater le rayonnement le plus oriental au delà de l'Oder dans une des œuvres de cette époque, la statue de sainte Hedwige († 1243) dans la chapelle de Saint-Jean du cloître de Trebnitz. Enfin, en reliant à la Baltique l'esprit de la vieille culture allemande jadis confinée à l'intérieur du pays, la colonisation allemande a élargi cette culture sous la forme nouvelle de l'esprit d'entreprise maritime, tel qu'il se traduit dans la Hanse, et frayé ainsi les voies au développement économique et intellectuel ultérieur du génie allemand.

Les Wendes du XIIIe au XVIIIe siècle

Communauté de destinée et de civilisation avec les Allemands

Plus l'immigration allemande a été forte dans une région, plus la germanisation de celle-ci s'est accomplie rapidement et complètement. C'est ce que l'on constate tout particulièrement dans le *Vogtland*, dont les plus hautes parties, de même que tout l'Erzgebirge, ont eu pour premiers colons les Allemands. Par contre, la germanisation a été un peu plus longue à s'opérer dans le bassin de Zwickau-Chemnitz, situé devant la montagne, et dans les plaines et les pays de plaines ondulées s'étendant au nord de ce bassin; ce processus a duré plus longtemps encore dans la Marche proprement dite de Meissen, qui s'étend de la rivière Chemnitz jusqu'à la Pulsnitz, contrée au cœur de laquelle habitait, dans le district de Lommatzsch, la population wende la plus dense et relativement aussi la mieux organisée. On trouve l'expression la plus nette de cette situation dans les deux millésimes désignant les années où les Wettins interdirent l'emploi de la langue wende devant les tribunaux des territoires en question, précisément parce que la germanisation en était achevée : 1327 pour les districts de Leipzig, Altenburg et Zwickau (Osterland et Pleissnerland) et 1424 pour la *Marche de Meissen*, y compris l'Erzgebirge. A vrai dire, la colonisation allemande de cette région n'était complètement achevée que sur l'étroite bande qui s'étend d'Ossegg à Freiberg, en passant par Sayda, tandis qu'à la plupart des autres points — à l'exception de Zinnwald — la ligne de crête démarcative des déboisements et les habitations de colons dans les régions de Meissen et de la Bohême allemande, n'a été atteinte que dans les décades suivantes du xve siècle (voir mes Kursächs. Streifgüge, p. p. 273, 306 et suiv.). Mais, comme je l'ai déjà dit, ou bien il n'y a jamais eu de Wendes dans ces régions, ou bien il n'y en avait plus après 1424; en réalité, la population y était presque homogène et allemande. Par conséquent, les parties situées entre la Saale et la Pulsnitz, tant que l'histoire des dites parties est postérieure à 1424, n'entrent plus en considération dans le présent traité.

La situation était toute différente dans l'ancien pays de Milzen, que l'on commençait, à cette époque, à appeler *Haute-Lusace*, ainsi qu'en Basse-Lusace. Ces deux régions n'ont pas été atteintes en mesure égale et dans toutes leurs parties par la colonisation allemande. Les territoires montagneux de la Haute-Lusace au sud du Mönchwalder Berg et du mont dit « Czorneboh » ont été colonisés par les Allemands jusqu'à la Lausche et la forêt dans la montagne, et sont encore aujourd'hui occupés par une population purement allemande. Il en est de même pour les vallées de la Neisse, de Zittau et de la Mandau, ainsi que pour les environs de Löbau. Dans ces régions s'est établie une population allemande très laborieuse, qui a complété plus tard les ressources plus modestes tirées du sol par le gain d'une industrie textile grandiosement développée. De même la pénétration de la langue et des mœurs allemandes a été complète dans les plaines fertiles de Pulsnitz, Röhrsdorf et Bischofswerda (Haute-Lusace occidentale). Par contre, à l'est de Kamenz jusqu'à la vallée du « Löbauer Wasser », au nord jusqu'à la frontière de la Saxe et au sud jusqu'à une ligne qui ne s'étend qu'un peu au nord de la route de Bischofswerda à Löbau, on trouve encore un assez grand nombre de descendants des Wendes. Mais tous les habitants de cette région ne parlent point le wende; au sud et au nord-est habitent des Allemands et des Wendes mêlés;

quant à la ville de Bautzen elle-même avec son arrière-territoire vers le sud, elle doit être considérée comme une colonie presque purement allemande. Ce n'est que sur le reste du territoire susdit, qui comprend une superficie d'environ quatre cents kilomètres carrés, que l'on rencontre, dans un assez grand nombre de villages, une majorité d'habitants parlant le wende, en sorte qu'on pourrait peut-être dire qu'on se trouve ici en présence d'un territoire de langue wende.

Aujourd'hui, la région appelée *Wendenland* ou « pays des Wendes » en Basse-Lusace, est séparée de la « Wendie saxonne » par une large bande de terrain, où s'exploite le lignite autour des villes de Senftenberg et de Spremberg (v. carte). La région la plus belle qu'on y trouve constitue une partie du Spreewald. C'est une région qui se prête peu à l'agriculture, mais qui favorise les anciennes occupations traditionnelles des Wendes : la pêche, l'exploitation des prairies et l'élevage du bétail. En outre, il existe encore autour des villes de Cottbus et de Peitz, une région de langue wende, mais celle-ci s'effrite de plus en plus à la périphérie. Il y a cinquante ans (1874), à l'époque où Richard Andrée a dressé sa carte du territoire de langue wende, ce territoire était plus étendu qu'aujourd'hui; en 1750, il s'étendait au nord jusqu'à Lübben et Lieberose; en 1550, il atteignait Storkow et Fürstenberg; en 1420, le pays de Reipzig (au sud de Francfort-sur-Oder).

Quelle peut avoir été la cause la plus importante du recul constant du territoire de langue wende? Cette cause ne peut être recherchée dans les prétendus efforts des Allemands, qui auraient voulu exterminer les Wendes, car, comme nous l'avons vu, les Allemands n'ont jamais pratiqué une telle politique. On ne peut non plus attribuer le recul wende au fait que les Wendes ont dû se laisser repousser tout d'abord au second plan dans les villes allemandes, ni d'une autre oppression quelconque. Par contre, on doit l'attribuer principalement au sentiment de plus en plus net que les Wendes ont eu, en raison de la supériorité de la civilisation allemande, des avantages qu'ils avaient à étudier l'allemand et à devenir Allemands. Mais le fait qu'un peuple qui, au fond, était très attaché à sa langue et au caractère de sa race, ait eu ce sentiment, s'explique par la *communauté plusieurs fois séculaire de destinée et de civilisation*, qui a existé et existe encore entre Wendes et Allemands. En premier lieu la politique sous laquelle les Wendes ont vécu après la colonisation allemande a plutôt favorisé qu'entravé le processus de leur germanisation. A vrai dire, le pays de Milzen (Haute-Lusace) en 1346, de même que la Lusace proprement dite (Basse-Lusace) en 1370, ont passé en possession de la couronne de Bohême, pour rester en cette possession, l'une jusqu'en 1620, l'autre jusqu'en 1635. Mais cela n'a changé en rien le caractère allemand de toute l'administration publique. En effet, au point de vue ecclésiastique, les deux Lusaces ont continué à relever de l'évêché de Meissen et, dans la Haute-Lusace, c'est la « Ligue des six villes » (composée depuis 1346 des villes de Kamenz, Bautzen, Löbau, Görlitz, Zittau et Lauban) qui a exercé le pouvoir effectif, au moins jusqu'au « Pönfall », tandis qu'en Basse-Lusace, c'étaient les États purement allemands qui tenaient en fait les rênes du gouvernement. En effet, lorsqu'en 1516 — à l'époque où mourut le roi de Bohême Wladislas, et où lui succéda son fils mineur Louis, les dirigeants de la Chancellerie de Prague écrivaient en langue tchèque aux États de Lusace pour demander aux Lusaciens de présenter leurs propositions dans cette langue, aucune suite n'y fut donnée. « L'influence de l'élément tchèque ne s'étend point jusqu'ici. » (Kapras, loc. cit.,

p. 58.) Sous les Habsbourg (depuis 1526), la langue des négociations et des documents officiels dans les deux Lusaces continuait d'être l'allemand : les archives des États, à Lübben, ne contiennent que des documents allemands. Les districts de Cottbus et de Peitz furent rattachés au Brandebourg en 1462, ceux de Beeskow et Storkow en 1575. Tout le reste du territoire des Lusaces fut pris en gage par le prince électeur de Saxe, en garantie de dettes de guerre non payées par l'Empereur Ferdinand. La possession en fut confirmée à l'électeur de Saxe comme fief héréditaire, par la paix de Prague, en 1635. Ainsi se resserra encore plus étroitement le lien culturel qui unissait déjà l'Electorat et les Lusaces. Ce lien n'a pas même été rompu en l'année 1815, au cours de laquelle la Paix de Vienne (voir p. 163) transféra de la Saxe à la Prusse la possession de la Basse-Lusace et de la plus grande partie de la Haute-Lusace (trois mille quatre cents kilomètres carrés sur cinq mille sept cents).

Cette étroite union des Lusaces avec les domaines des Wettin et des Hohenzollern a eu pour conséquence que les Wendes ont pris part, non seulement à tous les hauts faits que le peuple allemand a accomplis, mais aussi à toutes les dures épreuves qu'il a subies, — part absolument égale à celle de leurs concitoyens allemands. Combien de Wendes n'ont-ils pas fait campagne au XIVe et au XVe siècles, avec la noblesse de Lusace, — par exemple la famille de Köckeritz — dans la Prusse orientale, pour y combattre héroïquement contre les ennemis de l'Ordre des Chevaliers teutoniques. Que de sang wende a été répandu, mêlé au sang allemand, sur les champs de bataille de la Hongrie, près de Nicopolis (1396) et de Mohacz (1526), ou devant Vienne (1683) dans les combats livrés contre les Turcs! Et combien de sang wende a coulé dans les guerres engagées contre le roi Louis XIV, lorsque Jean-Georges III conduisait sur le Rhin ses régiments bien armés, dans lesquels ne manquaient point non plus les fils de langue wende de la Lusace. Dans toutes les guerres de coalition contre la France, ainsi que dans les batailles d'Iéna et d'Auerstädt, les Wendes ont également lutté, côte à côte avec les Lusaciens de souche allemande, pour la liberté de l'Allemagne. Dans la bataille décisive de Leipzig, ils se trouvaient, il est vrai, avec toute l'armée saxonne, incorporés dans les rangs français, et ce en raison du fait que le peuple saxon avait été obligé par Napoléon à suivre les destinées de la politique

En haut: Maison wende (blockhouse en planches) avec ceinture de treillage à Ralbitz (Haute Lusace) W. Hoffmann, Dresde 1897
En bas: Blockhaus allemand avec ceinture de poutrage. Les piliers remplacés par des poutres en briques depuis peu à Altenberg, Erzgebirge

Table 5

française. Mais le 18 octobre 1813, les restes de l'armée saxonne passèrent aux Alliés (1), combien de noms lusaciens ne trouve-t-on pas sous la bannière des volontaires saxons, qui, en dépit des détresses de l'époque, furent équipés en automne 1813 pour achever, aux rives du Rhin, la victoire remportée sur Napoléon. C'étaient là des temps d'enthousiasme où, comme le chante un poète saxon contemporain, une grande idée passa, pareille à l'antique saint de la légende, à travers le pays et conduisit les peuples au combat. Les Wendes ont, en outre, partagé fidèlement avec les Allemands toutes les détresses et toutes les épreuves de l'Allemagne : c'est ainsi qu'ils ont supporté avec nous les épouvantes de la « peste noire », qui a si souvent, au cours du moyen âge et même dans les premiers siècles de l'histoire moderne, dépeuplé notre pays, et qu'ils ont enduré toutes les atrocités et les dévastations des guerres hussites et des temps, pires encore, de la guerre

(1) A la page 43 de son ouvrage, Vierset écrit que les régiments saxons de Lusace auraient refusé de passer dans les rangs germaniques et prétendu vouloir rester dans les rangs français. Cette affirmation n'a rien à faire avec la vérité historique.

de Trente ans. Ce sont précisément les guerres hussites qui auraient dû montrer que les Wendes avaient le désir d'être les alliés naturels du peuple tchèque, lequel voulait, par ces guerres, s'affranchir de la tutelle de sa noblesse germanophile et des bourgeois allemands de ses villes.

On peut se demander ici pourquoi les paysans wendes des Lusaces, qui formaient encore à cette époque la majorité absolue de la population, n'ont point mis à profit cette occasion de se joindre à leurs frères de race et de se dégager, avec l'aide de ceux-ci, des liens de la domination allemande? La réponse est simple : Parce qu'en réalité, ils considéraient les Allemands de la Lusace comme leurs concitoyens, tandis que les Tchèques leur apparaissaient comme un élément étranger et antipathique. C'est ainsi également que les Wendes de Lusace ont eu le sentiment très net, au même titre que les Allemands d'alors, que la Réforme protestante de Luther était pour eux également un acte libérateur, et s'y sont ralliés, c'est-à-dire tant qu'ils n'en ont pas été empêchés par des pouvoirs locaux.

Dès la fin du XVe siècle, la situation économique et sociale des paysans commence à s'aggraver en Allemagne. Cet état de choses s'empira encore après l'issue désastreuse de la guerre des paysans (1525) pour atteindre son point culminant par la détresse durant la guerre de Trente ans. Les paysans allemands qui, pendant la période de la colonisation, avaient immigré à Meissen et dans les Lusaces, avaient été considérés d'abord comme des hommes absolument libres, ayant, en effet, acheté contre argent comptant à leurs seigneurs fonciers, leurs terres qu'ils possédaient à titre héréditaire et qu'ils pouvaient revendre en pleine et parfaite liberté. Ils n'avaient pour toutes obligations que de livrer à l'Église la dîme de leur moisson, de payer au seigneur un modique impôt de succession et de s'acquitter envers lui d'un petit nombre de corvées bien déterminées. Or les seigneurs fonciers, dès la fin du xve siècle, s'efforçaient d'obtenir arbitrairement des prestations plus considérables et de réduire les possesseurs d'un héritage franc d'impôt à la situation des Lassites slaves. Dans les cas litigieux, les autorités, qui agissaient au nom du prince régnant du pays, rendaient souvent des sentences en défaveur des paysans et imposaient même à des paysans allemands, originairement libres, l'obligation de faire « les prestations intégrales en usage dans le pays ». Finalement, on en arriva ainsi à forcer le paysan à cultiver tous les jours dans la bonne saison, avec son attelage, les champs seigneuriaux et à lui imposer en outre d'autres prestations de charriage et des corvées de toute sorte. On alla plus tard jusqu'à forcer (cette contrainte fut imposée en 1493 dans la Haute-Lusace) les fils et les filles des paysans à servir comme domestiques sur les terres seigneuriales (1). A cette époque, les paysans allemands furent réduits à la même situation de dépendance que les Wendes et aux mêmes servitudes qu'eux en matière d'héritage, en sorte qu'après la guerre de Trente ans, un régime de servage nouveau et très oppressif, embrassant dans une dépendance égale paysans allemands et wendes, finit par s'imposer dans les villages. La conséquence en a été la disparition

(1) Vierset, dans *Un peuple martyr*, pp. 38 et suiv., présente ces mesures d'oppression arbitraire comme ayant été dirigées contre les Wendes seulement. Mais le fait est, que la pression exercée par la noblesse a modifié beaucoup moins la situation sociale des classes de serfs wendes, dont nous avons parlé, que celle des paysans allemands jadis libres. Kapras, parlant de cette période, dit également, *loc. cit.*, p. 61 : « A la campagne (dans les Lusaces), la différence entre colons de droit slave et colons de droit allemand, ainsi qu'entre paysans ayant le droit de succession et paysans dépourvus de ce droit vint à disparaître complètement. » Au sujet du valetage, cf. Kapras, p. 61.

presque complète des anciennes distinctions sociales et nationales entre paysans allemands et paysans wendes : Wendes et Allemands, sous l'oppression de la même détresse et de la même privation de liberté, se sont sentis unis les uns aux autres à la vie et à la mort; les mariages conclus entre Allemands et Wendes se sont multipliés, les différences juridiques entre Wendes et Allemands ont été de plus en plus reléguées à l'arrière-plan et finirent par disparaître. Dans les ordonnances édictées par les seigneurs fonciers de la Basse-Lusace au XVIIIe siècle, relativement aux droits et obligations de leurs sujets, il n'est plus le moins du monde question d'un traitement différentiel à appliquer aux Allemands d'une part, aux Wendes de l'autre. On n'en trouve pas davantage mention dans les actes officiels du gouvernement prussien des premières décades du XIXe siècle, où se trouve traitée la question du rachat des charges rurales et de l'émancipation définitive de la classe des paysans.

A cela s'est ajoutée l'assimilation progressive des Wendes aux Allemands en ce qui concerne les méthodes de l'agriculture, les modes de construction de leurs maisons, le costume, et finalement même la langue et la vie intellectuelle. Le croc wende fit place à la large charrue allemande à soc; tant dans les villages où dominait l'élément wende, que dans les villages allemands, on apprit à estimer la valeur compensatrice de la pomme de terre, valeur qui se montra dans les années de mauvaise récolte de céréales. On commença par conséquent à la cultiver sur de vastes champs; de part et d'autre, on en arriva, après le partage des terres communales et l'émancipation des classes rurales, à un système de culture bien ordonné avec assolement et stabulation. La maison rurale construite par le Wende, l'enclos qu'il aime tant à fermer à l'indiscrète curiosité des voisins, n'est pas autre chose que la ferme, telle qu'on la trouve dans le centre de l'Allemagne ou, comme on l'appelait jadis, « la ferme franque », avec cette seule différence que les dimensions de ses parties, conformément à certaines lois physiques et résultant de la psychologie ethnique, deviennent de plus en plus petites, à mesure qu'on se déplace vers l'est. Même l' « Umgebinde », qu'on a si souvent signalée comme étant spécifiquement lusacienne ou wende, qui entoure les maisons en bois de la Lusace et qui est caractérisée par le fait que le toit ne repose pas sur les murs de bois de la maison même, mais sur des supports placés directement devant ces parois, à l'extérieur, supports reliés au sommier supérieur par des traverses, n'est exclusivement ni wende ni lusacienne ; ce mode de construction se rencontre encore aujourd'hui dans certaines maisonnettes, que les flammes ont épargnées, et qu'on trouve tout le long de la crête de l'Erzgebirge, par exemple à Altenberg, donc dans des régions où jamais un colon wende ne s'est établi. Cette façon de construire protège le toit contre les secousses imprimées par le métier placé dans la chambre et préserve les fenêtres de la neige qui s'amoncelle. Elle produit une ancienne forme de maison que l'on rencontre tout spécialement dans les contrées où il y a d'assez grandes quantités de bois de pin, ce bois convenant particulièrement à ce genre de construction. C'est dire qu'il se rencontre dans les régions de montagne riches en conifères et où se trouvent les villages de tisserands (v. planche 5).

Quant au *costume féminin dit wende*, il a depuis longtemps disparu; le costume wende masculin n'a absolument rien de commun avec les antiques mœurs wendes. En réalité, comme tous les costumes nationaux qui se sont conservés dans les régions éloignées des lignes de chemins de fer, il n'est autre chose qu'un vêtement résultant de l'imitation d'un costume de ville, copié à une certaine époque par les habitants de la campagne et qui, leur ayant plu et ayant été adopté par eux, s'est conservé, alors que, dans les villes, la mode, à laquelle remonte ce costume campagnard, était passée depuis longtemps. De vieilles gravures nous montrent que le costume dit wende provient du costume bourgeois à la mode dans les petites villes au XVIIe et au XVIIIe siècles, modifié conformément au goût rural. A l'époque où ce rococo fut adopté en Lusace, les Wendes portaient donc le même costume que les paysans allemands du pays (planches 1 et 2, 6 et 7). La différence que nous constatons plus tard provient uniquement du fait, que dans la suite, les Allemands ont renoncé à ce genre de vêtement, tandis que les Wendes l'ont conservé. Le goût wende s'y traduit uniquement par l'amour des couleurs (v. pl. 9), qui s'épanouit dans la profusion de rubans multicolores, portés à certaines occasions, ainsi que par la coiffe noire de la femme. Les fichus de tête blancs (pl. 8) pourraient faire penser à une mode wende spéciale, toujours à cause des manches bouffantes, en rapport avec le costume bourgeois du XVIIe siècle. De même la jeune fille à la fraise en forme de roue (pl. 7), représente évidemment le XVIe siècle, tandis que la figure à la jaquette Caraco (jeune fille au chaperon jaune (pl. 2), nous montre la mode typique, à vrai dire un peu grossière, de la fin du XVIIIe siècle.

Le paysan de la planche 6 est vêtu à la mode générale allemande de son époque, ce qui le fait ressembler à s'y méprendre à un campagnard badois. (En partie d'après un rapport d'expertise du Dr Rost, directeur de musée à Carlsruhe.)

Même la coutume de porter le deuil en blanc n'est pas d'origine wende. Elle résulte, au contraire, de la combinaison du blanc et du noir, adoptée pour les deuils de la Cour; c'est pourquoi les femmes wendes portent encore sous la toile blanche une robe de deuil noire. Finalement, les Wendes, dans leur propre intérêt, — voulant être compris et se faire comprendre au delà des limites de leurs villages, — ont fini par apprendre également la langue allemande. Tout au plus tard au cours du XVIIIe siècle, nous voyons les Wendes instruits entrer en contact, toujours dans leur propre intérêt, avec la fertile littérature allemande de l'époque. Klopstock était aussi connu, aussi apprécié dans les presbytères wendes que dans les presbytères allemands, et Schiller a inspiré aux Wendes, capables de le lire en allemand, le même enthousiasme qu'aux Allemands eux-mêmes. Dans leurs chambres, les tisserands wendes chantaient tour à tour des chansons wendes et des lieder allemands ou des lieder populaires et autres traduits de l'allemand.

C'est ainsi que, dans les premières décades du XIXe siècle, avait déjà commencé à s'opérer entre Wendes et Allemands un mouvement de plus en plus accentué d'adaptation et d'assimilation réciproques, qui doit être considéré comme un résultat tout naturel, et même nécessaire, de la communauté de civilisation et de destinée des deux peuples (1). Un petit peuple qui a vécu pendant près de mille ans dans la communion la plus étroite avec un grand peuple; qui habite au centre du territoire de ce dernier, dont il constitue une partie intégrante, tout en jouissant des mêmes droits que lui, — qui loue ou maudit les mêmes

(1) Vierset et autres écrivains ignorent, semble-t-il, que des langues comme le français et l'anglais ne doivent leur qualité d'idiome national qu'à la disparition de mainte langue, parlée jadis dans le périmètre des frontières du pays. D'autre part, la façon dont on travaille en certains pays à éliminer des idiomes qui pourraient gêner l'unité linguistique du pays devrait atténuer l'intransigeance de certains jugements qui rappellent l'histoire de la paille et de la poutre.

institutions que cet autre peuple, — qui a honoré les mêmes grands hommes et rendu hommage aux mêmes princes, — qui est allé à la même école et a profité de la même éducation, — qui a fait son service militaire dans les mêmes régiments, — qui est uni à cet autre peuple par les mille liens de la parenté et des distinctions honorifiques, — ce petit peuple, dis-je, ne peut, après une histoire commune de plus de sept siècles, être considéré comme un peuple autonome, destiné à mener une existence à part. Il est d'ailleurs encore moins admissible qu'une nation étrangère vienne réclamer l'annexion du dit petit peuple, encastré comme partie intégrante dans le corps du grand, — l'annexion devrait se réaliser contre le gré du petit, — et ce pour la seule raison que l'étranger voit dans l'annexion un riche butin (1).

La langue et la littérature wendes

Le wende est une ramification de la branche

---

(1) On ne voit pas bien les Tchèques, organisateurs du mouvement annexionniste soi-disant wende, faire la proposition d'échanger les rares Wendes, qui pourraient se déclarer disposés à opter pour la nationalité tchécoslovaque, contre près de quatre millions d'Allemands de Bohême, frustrés de presque tous leurs droits d'autonomie par un nombre de Slaves à peine supérieur au leur.

occidentale des langues slaves. A cette branche se rattachent, outre le wende, les langues suivantes : le polonais, le cassube avec le slovinice, le polabe (slave de l'Elbe), depuis longtemps éteint, et le tchèque avec le slovaque. Le wende occupe une position intermédiaire entre le tchèque, le slovaque et le polonais. Le wende se rapproche plus du polonais que du tchèque. Cependant, le dialecte wende lui-même n'est pas uniforme : il se décompose en un dialecte bas-wende, parlé dans la Basse-Lusace, et un dialecte haut-wende, parlé dans la Haute-Lusace. Les difficultés de compréhension réciproque, résultant de cette situation, sont encore compliquées par le fait que les deux dialectes wendes sont fortement germanisés, le bas-wende encore plus que le haut-wende. Ce n'est un secret pour personne que, lorsque les chefs des Wendes radicaux traitent, à Prague, avec leurs mandants tchèques, la langue employée est toujours l'allemand. Il y a vingt-cinq ans déjà, je fus surpris de constater, en visitant un marché aux bestiaux bas-wende, que les mots désignant toutes les races de bétail, et de même, tous les mots, malheureusement employés comme jurons, étaient allemands. Mais même dans le dialecte haut-wende, parmi les « mots étrangers » empruntés à l'allemand et cités, le 2 mars 1925, dans le bulletin de la section de philologie de la Macica Serbska, — mots qui « ont reçu le droit de cité en langue wende », il figure des concepts aussi importants et fondamentaux que : šula (*Schule* = école), knada (*Gnade* = grâce), barba (*Farbe* = couleur), trest (*Trost* = consolation), lešt (*Lust* = désir), herba (*Erbe* = héritier). Le texte du journal *Serbske Noviny* contient d'innombrables germanismes, qu'on trouve tant dans le vocabulaire wende que dans la syntaxe; tel est le cas, par exemple, lorsqu'à propos d'une tempête en Angleterre, il emploie le verbe *denapytaó* = heimsuchen (affliger) (*pytao* = suchen = chercher, *dona* = *daheim* = à domicile) ou quand il parle par exemple des Allemands: « *Kotris mejachu Knejezerstze n horšci* = welche hatten die Regierung in der Hand = qui avaient le gouvernement entre les mains » —; mais « *horšc* », veut dire : « une poignée » ; — ou encore quand il parle de l'arbre de Noël allemand, qui est désigné par les mots « *Bozodzescovy ston* », « arbre du fils de Dieu », (ce qui peut aussi bien signifier la croix de Jésus-Christ), expression dans laquelle « *ston* » « arbre », est un mot emprunté à l'allemand (Stamm). L'expression est « pensée en allemand et traduite ensuite, d'une façon insuffisante, en wende ». Je dois cet exemple — et l'on pourrait en citer encore des centaines — à un savant qui connaît parfaitement la langue wende. Il résume son jugement sur le wende d'aujourd'hui en disant : « Le Wende pense en allemand; la construction interne de sa langue est allemande. Il comprend absolument l'allemand et relativement le wende. Il a une parfaite facilité à s'exprimer en allemand, tandis que les efforts qu'il fait pour s'exprimer en wende constituent souvent des infractions tant à la logique qu'à la grammaire slave ».

En 1853 déjà, le Conseil ecclésiastique et scolaire de l'arrondissement de Bautzen rédigeait un rapport d'expertise, dans lequel il est dit : « En raison de la pauvreté de la langue wende, l'instituteur est obligé de recourir immédiatement à la langue allemande lorsque, après avoir enseigné les quatre opérations arithmétiques élémentaires, il veut par exemple apprendre à ses élèves la théorie des fractions, ou, lorsqu'en matière de connaissances générales, il veut leur inculquer des principes de quelque importance relatifs soit à la géographie mathématique, aux phénomènes naturels tels que l'électricité, le magnétisme, etc. Plusieurs instituteurs à vrai dire jeunes, pour la plupart, séduits par le bluff fallacieux de l'émancipation des nationalités, particulièrement dans les années 1848 à 1850, tentèrent de traiter en langue wende des sujets pareils, et forgèrent de la façon la plus ridicule une langue composée de mots allemands à terminaisons et à flexions wendes. Mais les instituteurs avisés ne songèrent même point à chercher les moyens d'enseigner ces matières dans une autre langue que celle dans laquelle ils avaient appris eux-mêmes, non seulement à connaître les objets, mais encore les mots destinés à les exprimer. »

La cause en est le développement tardif de la littérature wende. On considère comme les plus anciens monuments de cette littérature un serment bourgeois wende de l'époque de la Réforme (v. Casopis, 1875, p. 49) et la traduction manuscrite du Nouveau Testament, faite en 1548 par Nicola Jakubica, traduction dont la plus grande partie a pour base le texte allemand de Luther, et qui est rédigée dans un dialecte bas-wende, aujourd'hui éteint, avec, il est vrai, de nombreux emprunts faits à la traduction tchèque. C'est ainsi que la Réforme allemande a été la première inspiratrice d'une littérature wende.

Les traductions de la Bible et les livres d'édification religieuse écrits par les protestants, surtout par les membres de la famille Frenzel au XVIIe et au XVIIIe siècles et commencés, du côté catholique, par le jésuite Ticin (+ 1693), ont continué à former la matière principale de la littérature wende. Ce n'est qu'en 1728 que parut la première Bible complète en haut-wende. Il est prouvé que la prédication en langue wende a été le moyen le plus efficace pour conserver cette langue; en vue de procurer aux paroisses wendes des prédicateurs comprenant cet idiome, il fut fondé en 1716, à Leipzig, un séminaire wendo-lusacien, en 1749 un établissement analogue à Wittenberg et un séminaire catholique à Prague en 1704. En outre, d'anciens cantiques wendes, les uns traduits de l'allemand, les autres composés par des poètes nationaux, étaient répandus parmi les fidèles des deux confessions. Toutefois à partir du milieu du XVIIIe siècle, on constate dans le développement de la littérature wende un arrêt et un relâchement. La détresse résultant de la guerre de Sept ans et de ses conséquences, de même que, un demi-siècle plus tard, les guerres napoléoniennes et les luttes engagées pour la délivrance de l'Allemagne, avaient ruiné en très grande partie les

Paysan wende vers 1800
Gravé et colorié par Samuel Gränicher (1758–1813)
Table 6

paysans, tant en Lusace que partout ailleurs dans le pays.

Une ère nouvelle, que les coryphées et les amis de la littérature wende appellent avec fierté « la Renaissance wende », s'ouvrit lorsque, en 1842/43, parurent les « Volkslieder der Wenden in der Ober- und Niederlausitz » (Chants populaires des Wendes en Haute et en Basse-Lusace), édités par Leopold Haupt et Johann Ernst Schmaler (deux volumes, Grimma, I. M. Gebhardt). C'est là que, à l'avis des amis les plus compétents du peuple wende, se trouve conservé le trésor le plus considérable et le plus beau que nous ait laissé le passé de ce peuple. Je ne puis résister au désir de soumettre à ceux d'entre mes lecteurs, qui ne disposent pas de cet ouvrage in-quarto, devenu fort rare, au moins une seule phrase de la préface et, comme exemples, deux lieder dont je reproduis ici l'original wende avec la traduction française. Il est dit dans la préface du tome II, p. 2 : « Ces chants ont été salués avec une grande joie par les journaux et revues slaves, comme de fidèles parents, et chaleureusement accueillis comme de chers amis par mainte feuille allemande. Plusieurs de ces simples enfants de la nature ont même été adoptés dans leur forme allemande par les éditeurs de recueils de lieder « pour le peuple allemand » et adoptés dans la famille des chants populaires allemands. »

Citons comme exemples de cette poésie de Haute-Lusace les poèmes suivants : (Haupt et Schmaler, tome 1.110, p. 134.)

Posol (Z Dazina)

Bještaj pak, bještaj pak mlodaj dwaj,
Swjera so lubo mjeještaj.
Prjeni mól' romadžje wečereštaj,
Lubemu na wójnu kazachu.

« Na wójnu ja 'šak derje 'cu,
« Komu pak psirucu lubcicku?
« Najpredy temu lubom' Bohu,
« Potom' šim frjejnym towaršam'.

« Potom' šim frejnym towaršam,
« Potom' šim dobrym towaršk am'.
« Štó budže namaj te powesčje slač,
« Dyž džje mój khoraj budžemóij?
« Dyž džje mój khoraj budžemóij?
« Jedyn aby druhi wum remój?
« Šak je tym hajku tón dróbny ptačk,
« Tón budže namaj te powěčsje slač. »
Pšeco je ljetal z weselymi,
Jedyn mól pšileča ze zrudnymi :
« Holicka ty dyrbiš lubch' želić,
« Pšetož twój luby ci zemrel je. »

Le Messager (de Dehsa)

Il était une fois deux jeunes gens,
Qui s'aimaient d'amour tendre.

Ils prenaient ensemble leur premier repas,
Lorsque le son du tambour appela l'amant.

« Je veux bien suivre le tambour,
« Mais à qui confier ma chérie?
« Je la confie tout d'abord au bon Dieu,
« Puis à tous les gars du village,
« Puis à tous les gars du village.
Puis tout de suite à toutes donzelles.
« Mais qui sera notre messager,
Si la maladie un jour nous accable? »

« Si la maladie un jour nous accable,
« Et si l'un des deux descend au tombeau?
« C'est le petit oiseau de la verte forêt,
« C'est l'oiseau qui sera notre messager. »
Le gentil petit oiseau voletait gaîment,
Mais un jour il apporta une triste nouvelle :
« Pleure, pleure, petite fille,
Il est mort, ton bien-aimé, ton bien-aimé.»

(Basse-Lusace) (Haupt et Schmaler, II, 106, p. 93) :

Wjenki. (Z Njabožkojo)

Och ty mója lubcycka,
Zoga sy ty byla?
« *Das som byla žož som kšjela :*
« *We zagroże byla.* »
Coga sy tam zjelala?
« *Wjenaški som wila :*
« *Jaden sebje, drugi tebje,*
Tšeši mojom' lubem. »

Les Couronnes (de Naundorf)

O toi, ma bien-aimée, mon trésor,
Où es-tu allée?
« Je puis bien aller où je veux!
Je suis allée au jardin! »

Qu'as-tu donc fait là-bas?
« J'y ai tressé des couronnes :
Une pour moi, l'autre pour toi,
La troisième pour mon bien-aimé. »

Ces poésies et d'autres semblables constituent des joyaux de l'ancienne langue wende, — joyaux lyriques, qui se caractérisent par leur douceur, leur harmonie et leur souplesse, où se reflète l'âme wende, comme dans un miroir, telle qu'elle s'est développée et conservée intacte sous la domination, mais aussi sous l'influence promotrice des Allemands, autour des lagunes du Spreewald, loin des bruits du monde, au milieu des hameaux solitaires des landes, qui s'étendent au nord de Bautzen (voir planche 10), et dans les paisibles villages qui entourent le cloître de Marienstern. Un profond sentiment religieux, un naturel pacifique, à l'occasion de la bravoure, de l'assiduité, de l'hospitalité, mais avant tout de la gaieté et de l'entrain et un désir inné de jouir de la vie à l'auberge et dans les chambres en compagnie des fileurs et des fileuses aux noces et aux baptêmes; tels sont les traits qui distinguent encore aujourd'hui la population wende sédentaire. C'est cette gaieté, cette joie de vivre que signale déjà, comme qualité distinctive du caractère, le prince-électeur

Frédéric-Auguste de Saxe qui, en 1769, a fait lui aussi un voyage chez les Wendes pour recevoir leur hommage. Le 14 avril 1769, il écrit à sa mère : « Pour moi, je m'y suis beaucoup plu et je crois qu'au milieu d'une nation, si portée à la gaieté, il est impossible d'être triste. C'est l'écho de cette gaieté qui nous résonne doucement à l'oreille avec une persistance émouvante dans les lieder populaires, dont la plupart, bien entendu, chantent l'amour. »

Qui a découvert ce trésor d'une tradition restée si pure? En première ligne, il faut en attribuer le mérite à Johann Ernst Schmaler, un Wende, connu par son attachement fervent à son peuple. Candidat en théologie protestante et membre d'honneur de la Société des Prédicateurs wendes de la Haute-Lusace, à Leipzig, il a recueilli la plupart des 331 lieder du premier volume et des 194 lieder du second volume, y compris les mélodies. Il faut citer en deuxième lieu Léopold Haupt, pasteur allemand, secrétaire de la Société des Sciences de la Haute-Lusace, qui a tiré des archives de la société la partie fondamentale d'un recueil de lieder wendes, pour lesquels il a rédigé des avant-propos, et dont il a fait la traduction en vers allemands. En troisième lieu, il y a lieu de mentionner I. M. Gebhardt, éditeur à Grimma. Ce dernier a procuré les fonds considérables que nécessitait l'impression du recueil et fait fondre dans ce but les nouveaux caractères typographiques, destinés à reproduire exactement la nouvelle orthographe tchèque que Schmaler avait prise comme base de son travail. Cependant, afin de mettre à nu les dernières racines dont est issue, cette œuvre vraiment importante, nous devons remonter plus loin encore dans le passé. Qui est donc celui que les documents authentiques nous révèlent comme ayant le premier recueilli par écrit des lieder populaires wendes? C'est un lieutenant de l'armée saxonne, von Bünau qui, vers la fin du XVIIIe siècle, avait « recueilli par écrit de la bouche de soldats wendes, placés sous son commandement », environ 20 lieder de la Basse-Lusace. La notation en a probablement été faite dans la ville de garnison de Guben. En effet le premier littérateur, dont l'attention ait été attirée sur ces chants, est Böttiger. Il était à ce moment-là préfet (directeur) du département de Guben, et est devenu plus tard conseiller à la cour de Saxe. C'est par lui que le savant allemand Karl Gottlob Anton, rédacteur des « Erste Linien eines Versuches über der alten Slaven Ursprung, Sitten, etc. » (Premier essai relatif à la recherche de l'origine, des mœurs, etc. des anciens Slaves), Leipzig, 1783, a eu connaissance de ces lieder. C'est lui aussi qui a fait la transcription des chants, qui, subséquemment, ont été remis à la bibliothèque de la Société des Sciences de la Haute-Lusace. Mais comment expliquer qu'un lieutenant saxon, appartenant à la noblesse, se soit si vivement intéressé à cette époque-là pour les chants de ses soldats, et ce à tel point qu'il se soit résolu à les transcrire? Cet intérêt s'explique par la profonde transformation qui s'opérait alors dans le goût littéraire en Allemagne. On sait, en effet, qu'à cette époque, ce goût se détournait de la poésie d'art, cultivée uniquement dans les cercles de lettrés en Allemagne, pour se diriger vers cette poésie populaire et naturelle, qu'on désigne chez nous du nom de romantisme. A l'origine de ce grand mouvement intellectuel, on trouve, comme précurseur et promoteur, *Gottfried Herder*, avec son recueil « Chants Populaires » (1778), intitulé plus tard « Stimmen der Völker in Liedern » (Voix des Peuples en Chansons), dans lequel il a réuni, outre 40 lieder allemands, 142 chansons du vieux nordique, danoises, écossaises, lithuaniennes, groënlandaises, laponnes et autres. *Le roman-*

tisme, né sur le sol colonisé par les Allemands, et qui peut être considéré comme le premier présent intellectuel que les nouvelles tribus allemandes de l'Est aient apporté aux vieilles tribus allemandes et au développement intellectuel de l'Allemagne, doit être considéré, après le classicisme exagéré de Weimar et après la surestimation du cosmopolitisme, comme le nouveau phénomène extrêmement fécond, grâce auquel les Allemands ont retrouvé la conscience des traits caractéristiques de leur peuple. Le romantisme a révélé ces trésors de la littérature populaire, non seulement aux Allemands, mais encore aux tribus slaves qui leur sont apparentées tant par la communauté du sang que par celle du sol, c'est-à-dire aux Tchèques et aux Wendes. On peut comparer la vie intellectuelle de ces derniers à une plante, qui s'étiolait lentement, faute de suc nutritif, mais qui a été appelée à une efflorescence nouvelle et s'est développée dans la mesure dans laquelle les racines du peuple wende ont encore eu la force de la porter et de la nourrir. Il lui manquait un peuple nombreux et fort, dans les profondeurs duquel une telle plante eût pu enfoncer de larges et puissantes racines. La poésie haute-wende a été assurément enrichie par maint poème qui respire un esprit populaire, les poésies d'Andreas Seiler (1804-1872) et de Karl August Katzer, qui a mis en musique les lieder de Seiler ; pour la poésie basse-wende, par les poèmes d'un simple fils de paysan, Mattheus Kosyk, et de l'Allemand Georg Sauerwen (« Je suis né Allemand, mais j'ai un cœur wende »). Cela ne veut pas dire qu'il était donné à cette poésie de devenir une littérature nouvelle, indépendante, capable de refléter les grands mouvements de l'époque. Elle est restée jusqu'à l'heure actuelle, même si nous rendons pleine justice au lyrisme d'un Jacob Barth-Cisinski, une fleur délicate que dore la magie du crépuscule.

Les conclusions de notre étude sont faciles à formuler : les premières manifestations de la littérature wende sont dues à la rénovation de la vie religieuse par la Réforme allemande. Le relèvement et la renaissance du trésor de légendes et de lieder est un résultat du romantisme allemand (1), résultat qui a été obtenu grâce à l'aide fraternelle des Allemands.

(1) Même un écrivain dont les vives sympathies pour le peuple wende — auquel il appartient — sont connues, l'ancien associé de Schmaler, Traugott Pech, à qui l'on doit le remaniement et l'achèvement en langue allemande de l'ouvrage russe de A. N. Pypin et V. D. Spasovic

Les Lusaciens de souche wende pendant la guerre mondiale

L'accord qui régnait indubitablement entre les Lusaciens de souche allemande et de souche wende, ne pouvait être soumis à plus rude épreuve qu'à celle de la guerre mondiale. Or, durant ces années de péril et de misère, les plus terribles que

---

Histoire des littératures slaves, a dû reconnaître que le réveil de la littérature wende et les soins qui lui ont été donnés, sont en partie l'œuvre des Allemands. Dans le tirage à part qu'il intitule *Das serbisch-wendische Schrifttum in der Ober — und Niederlausitz* (Leipzig, Brockhaus, 1884), cet auteur dit, à la page 59 : « D'ailleurs, la littérature des Bas-Lusaciens, dont les propres fils ont été souvent les plus acharnés germanisateurs tant à l'église qu'à l'école, n'est pas moins due, en grande partie, à l'action d'Allemands, qui ont commencé par apprendre péniblement la langue wende et se sont ensuite chaleureusement voués aux intérêts de ce peuple. » Pour être complet, je dois encore faire remarquer qu'en 1868, le *Dictionnaire Wende* de Pfuhl (xxv et p. 1210) a été imprimé avec l'assistance pécuniaire des États de la Haute-Lusace et du Ministère et que, de même, à une date toute récente, une traduction d'Homère en langue wende a été publiée grâce aux subsides officiels. Plus récemment encore, au cours de l'été 1925 (*Serbske Nowiny*, nº 128), le consistoire régional luthérien de Saxe a consacré 500 marks à l'organisation du colportage de livres wendes.

l'Allemagne ait jamais traversées, les Wendes de Prusse, tout comme ceux de Saxe, ont fait preuve d'un même dévouement et rempli leurs devoirs avec la même loyauté que leurs compatriotes d'origine allemande. Je me vois forcé de souligner et de faire ressortir ce fait en somme tout naturel, étant donné qu'une brochure connue, *Un peuple martyr*, contient des accusations tellement irréfléchies et absurdes contre le gouvernement allemand et les autorités militaires allemandes auxquels l'auteur reproche des mesures de répression infligées aux Wendes, que je ne saurais, comme je le fais pour tant d'autres que la dite brochure contient, les passer sous silence.

Voici ce qu'on peut lire à la page 54 du travail de Vierset : « Dès le début de la guerre, la tyrannie allemande en Lusace se fit plus rigoureuse que jamais. Le gouvernement profita de l'occasion qui lui était offerte d'anéantir la race wende et surtout les intellectuels. Les savants, les écrivains, les instituteurs étaient envoyés aux postes les plus dangereux du front, tandis que les renégats, exemptés du service militaire, pouvaient librement poursuivre leur œuvre de germanisation. Ainsi périrent parmi les hommes de talent les mieux doués : Kral, Rjecka, Delenk, Jordan,

Ladus, etc. La statistique signale environ 3.000 prisonniers et plus de 6.000 tués. Le trentième de la population wende disparut ainsi en Lusace. »

Or, les recherches faites en vue d'examiner le bien fondé de ces accusations ont démontré qu'il n'y a jamais eu, ni dans l'armée allemande, ni dans les troupes saxonnes en particulier, de prescriptions spéciales concernant le recrutement des Wendes, et qu'ils ont été soumis au même règlement que les Allemands.

J'ai d'ailleurs écrit à d'anciens officiers et aux chefs du 103e régiment d'infanterie, en garnison à Bautzen, pour avoir des renseignements. Voici ce que le général d'Ompteda m'a répondu de Meissen :

« Avant la guerre, j'étais lieutenant-colonel au 103e d'infanterie à Bautzen. Avant cette époque, j'avais déjà beaucoup entendu parler des Wendes de Lusace, ma femme étant des environs de Kamenz, dans le pays des Wendes. Or, je puis affirmer qu'avant la guerre la question wende n'existait pas. Il ne pouvait donc être question d'un antagonisme quelconque qui aurait pu exister entre Allemands et Wendes en Saxe, ni dans la population civile, ni dans l'armée. Dans mon régiment, on ne remarquait aucune distinction entre Wendes et Allemands. Le régiment était parfaitement homogène et il a glorieusement combattu dans toutes les batailles de la grande guerre. Il s'est même distingué tout spécialement. (Cf. Histoire du 103e rég. d'Inf. p. 48, 30-9-1915.). Partant, l'invention après coup d'un antagonisme quelconque entre Wendes et Allemands est aussi odieuse que mensongère. » Ces lignes du général d'Omptéda sont confirmées par une lettre de l'ancien capitaine adjudant-major du régiment, Franz Poland, en date du 7 février 1926.

En outre, le général Hoch, qui a commandé pendant plusieurs années le 103e avant de passer général de brigade, puis de division, m'écrit en date du 2 février 1926 :

« Les Wendes de Lusace ont toujours rempli leurs devoirs, durant la guerre, comme en temps de paix, dans la pleine mesure de leurs moyens, avec la même bonne volonté, la même fidélité et le même zèle que tous les autres braves Allemands. On n'a jamais entendu dire que des soldats wendes aient laissé entrevoir qu'ils ne fussent pas heureux et fiers d'être citoyens et soldats allemands. De tels sentiments paraissaient du reste si naturels notamment dans l'armée, qu'il ne serait jamais venu à l'idée d'un homme tant soit peu raisonnable, qu'il en eût pu être autrement. De telles idées, en tous cas, n'ont jamais eu cours dans l'armée. Il n'a jamais été fait la moindre distinction, pas plus au 103e que dans les autres corps de troupes, entre les soldats wendes et allemands, et ce pour la bonne raison, que la plupart des Wendes étaient des gens vifs, intelligents et bien portants, qui comprenaient et parlaient l'allemand, ou le dialecte allemand de la Lusace, tout aussi bien que les Prussiens et les Saxons de Lusace. En ce qui concerne la constitution de leurs troupes, les régiments de Lusace ont toujours fait l'excellente impression d'être absolument homogènes ; les troupes étaient au nombre des meilleures du pays et elles se sont distinguées pendant la guerre comme en temps de paix. Personne — du moins dans l'armée — n'a jamais songé, ni avant ni pendant la guerre, à une communauté d'intérêts entre notre population wende et les Tchèques. Au contraire, nos Wendes se sont toujours et partout conduits en bons et braves Saxons ou Prussiens. Aussi leur a-t-il été accordé les mêmes distinctions et les mêmes récompenses qu'à tous les autres soldats allemands. Il n'existait du reste aucune méfiance envers les soldats d'origine wende. Une franche camaraderie nous unissait tous. Je n'ai jamais entendu dire qu'un soldat wende soit passé à l'ennemi. » Le Tchèque Pata lui-même se voit obligé, bien qu'à contre-cœur, de confirmer ces dernières remarques (Ceskoserbski Vestnik, juillet 1920).

Enfin, M. von Zeschau, ancien colonel commandant le régiment de cavalerie de la garde saxonne, dans lequel servaient beaucoup de fils de paysans wendes, me fait écrire : « Les rôles matriculaires, passeports et autres papiers militaires n'ont jamais contenu la moindre indication qui aurait pu donner à entendre que tel ou tel fût Wende ou Polonais ou de quelque autre origine. »

Dans le but de connaître le chiffre exact des soldats lusaciens d'origine wende tombés sur les champs de bataille, des recherches ont été faites dans les communes à population mixte, en vue de fixer, dans chaque commune, le nombre d'habitants allemands et wendes tombés à l'ennemi, morts en captivité, disparus et déclarés défunts. Or, sur une population totale, pour les communes en question, de 147.464 habitants, dont 107.579 d'origine allemande et 34.495 d'origine wende (chiffres du recensement de 1910), les pertes se sont élevées au total à 4.196 hommes, dont 3.214 d'origine allemande et 982 d'origine wende, soit

2,845 % pour l'ensemble de la population, 2,99 % pour les Allemands et 2,81 % pour les Wendes. Le pourcentage des pertes de la population wende est donc légèrement inférieur à celui de la population allemande. Si donc ces pertes n'ont pas dépassé 982 hommes pour toute la population wende de la Haute-Lusace, celles des Wendes de la Lusace prussienne, sur lesquelles je n'ai pas de données, peuvent s'élever, d'après la proportion numérique de la population (2 : 5) à environ 1.500 hommes. On peut donc dire que les pertes de toute la population de langue wende de la Haute et de la Basse-Lusace se chiffrent par 2.000 à 3.000 hommes (non 6.000, v. plus haut), et qu'étant donné le rapport numérique des chiffres de la population, ce pourcentage n'est pas plus défavorable que celui des pertes de la population de langue allemande, dont les destinées étaient étroitement liées, nous l'avons vu, à celles de leurs compatriotes d'origine wende.

Tout aussi insoutenable et mensonger que les accusations portées contre les autorités militaires, et que nous venons de réfuter, est le tableau que Vierset fait au même chapitre, p. 54, de l'oppression que les Wendes auraient eu à subir dans leur patrie durant la guerre. Il écrit : « Toute la vie

Paysanne wende vers 1800
Gravé et colorié par Samuel Gränicher (1758–1813)
Table 7

nationale était suspendue. Les principaux périodiques slaves furent interdits ainsi que les journaux de la Basse-Lusace. Les journaux tolérés qui refusaient d'obéir à la censure ou de publier les articles inspirés par le gouvernement, tel que la *Serbske Nowiny*, furent l'objet de mesures répressives. Des patriotes comme E. Muka et le vieux poète Fiedler furent placés sous la surveillance de la police. »

Désireux d'éclaicir cette affaire, je me suis adressé aux autorités, qui m'ont donné les renseignements officiels suivants :

« Aucun des périodiques slaves paraissant à Bautzen n'a été interdit durant la dernière guerre. Ils étaient soumis, à la vérité, comme tous les autres périodiques allemands, à la censure, exercée en Saxe par les autorités militaires, qui remplaçaient alors le commandement en chef des XIIe et XIXe corps d'armée, ceci d'accord avec le ministère de l'intérieur. L'éditeur et rédacteur responsable du périodique wende *Serbske Nowiny*, Marko Schmaler, né le 28 décembre 1857, à Seidau, propriétaire d'imprimerie, domicilié Lauengraben 2, à Bautzen, donnait à ses articles, pendant les premières années de la guerre, un caractère manifestement russophile. En outre, il contrevenait à diverses reprises aux prescriptions concernant la presse. Il ne tenait aucun compte des avertissements oraux ou écrits, et ce n'est qu'après avoir été menacé de la censure préventive, le 24 mars 1916, qu'il finit par se soumettre. Il n'y a pas eu d'autres mesures prises contre Schmaler, ni non plus de mesures restrictives concernant la publication des périodiques wendes. »

Le « vieux poète Fiedler », également nommé, est le professeur d'école normale pensionné, Karl August Fiedler, décédé le 16 mai 1917. Il était né le 15 novembre 1835, à Nedaschutz, avait demeuré Moltkestr. 16. Il n'a du reste jamais été personnellement l'objet d'aucune mesure de police, mais, en 1915, il a été victime d'une aventurière, qui l'a escroqué à plusieurs reprises. Sa propre famille porta plainte. L'intrigante avait logé de temps en temps chez Fiedler, dont elle avait touché plusieurs fois la pension, en s'affublant d'un faux nom, qu'elle s'était approprié. La police fut obligée de faire surveiller la demeure de Fiedler par des agents de la police criminelle, afin de rechercher qui était l'aventurière inconnue. Celle-ci fut identifiée comme couturière née à Goerlitz, en 1868. Elle signait von Bois en touchant la pension. Elle fut condamnée le 14 septembre 1915 par le Tribunal de première instance de Bautzen, à six mois de prison pour escroquerie, faux et usage de faux (Cf. dossier St. A. II 164/15).

Le caractère des mesures prises contre Schmaler et l'affaire Fiedler ont donc été dénaturés dans le passage cité ci-dessus du livre intitulé : *Un peuple martyr*.

Que la vie nationale des Wendes ait été opprimée pendant la guerre, voilà encore une allégation absolument dénuée de fondement. Pendant la guerre, chacun devait se soumettre aux prescriptions édictées, et il n'y avait pas de prescriptions spéciales concernant les Wendes. Ils ont toujours passé pour des bons patriotes, et ils n'ont pas montré d'autres sentiments durant la guerre.

Néanmoins, des versions tout à fait erronées concernant l'état d'esprit dans lequel les Wendes de Lusace seraient partis au front, ont été répandues par des germanophobes. Ainsi le professeur Joseph Pata, Tchèque, écrit en tête de l'édition wende de son petit livre *Luzika* (Lusace), paru à Bautzen en 1920, dans les éditions du Comité national wende : « Les quelques restes de cette population luttaient durement, désespérément pour affirmer leur existence, et quand vint la guerre, ils aperçurent avec une grande terreur leur propre tombe béante devant eux...! »

Jamais les Lusaciens de langue wende n'ont été insultés plus grossièrement ! Ces braves, qui, fidèles à leur devoir de citoyens et à leur serment, sont partis pour la guerre et ont défendu le sol national contre un monde ennemi, devaient-ils s'entendre accuser de lâcheté par un Tchèque? Je tiens à défendre nos Wendes contre une si basse accusation en publiant ici une lettre que je retrouve dans ma collection de lettres écrites du front. Elle est d'un territorial du village de Jauer, dans l'arrondissement de Kamenz, non loin du couvent de Marienstern. Ce village compte 140 habitants, dont 134 de race wende. L'auteur de cette lettre raconte ses impressions de la nuit du 31 décembre 1915.

« *Sormonne (à l'ouest de Mézières),*
le 25 janvier 1916.

« Dans la nuit du 31 décembre, entre onze heures et une heure, je faisais le service de patrouille, et il faut absolument que je vous raconte mes impressions. Trois lignes de chemin de fer traversent Sormonne, à la distance respective de

500 mètres les unes des autres. Nous autres Saxons, nous gardons celle du milieu, à gauche se trouvent les Prussiens, à droite les Bavarois. Les trois lignes se rejoignent là-bas, près de Ham-les-Moines. Donc, il était juste minuit, juste le Nouvel an, le ciel était clair, parsemé d'étoiles, pas un souffle dans l'air. De temps en temps on entendait l'appel des patrouilles. De temps à autre aussi, un coup de feu. A l'horizon, au loin, vers le front, nos réflecteurs projetaient parfois une lueur sur le front des troupes, ou une fusée montait. Le grondement du canon se faisait aussi entendre par intervalles, — le puissant écho du tonnerre des pièces d'artillerie, qui se faisait encore entendre sans doute jusque par delà les frontières de l'Allemagne et semblait nous dire dans cette nuit de Nouvel an : « Tous, tant que nous sommes, « nous tenons à être de garde! » Donc, comme je viens de l'écrire, il était minuit, là-bas, au viaduc, près de Ham-les-Moines, où les trois lignes se rejoignent et où nous nous sommes rencontrés, Saxons, Prussiens et Bavarois. Et quand nous nous sommes tendu les mains, *frères d'un même peuple,* réunis pour la défense de la patrie, c'était si touchant que nos yeux se remplissaient de larmes d'attendrissement lorsque nous nous sou-

haitions la bonne année et un joyeux retour au pays. Tout à coup, comme nous étions à parler, un train transportant de l'artillerie autrichienne vint à passer, et nos fidèles frères d'armes nous crièrent : « Bonne année, chers alliés ! » Un hourra retentit — et le train avait déjà disparu... »

J'espère que le brave qui a écrit ces lignes, où il donne à ses sentiments patriotiques une forme si touchante dans leur simplicité, vit encore. Et je lui serre fraternellement la main, comme au représentant de tous les Wendes qui ont pris part à la guerre — en souvenir également de 982 compatriotes de même origine, morts pour la patrie.

La " question wende " à la Conférence de la paix

En octobre et en novembre 1918, lorsque l'Allemagne affamée saignant par mille blessures, voyait crouler sous la révolution les bases de l'ancien régime politique, elle se vit encore forcée d'accepter successivement les conditions de la plus terrible et de la plus funeste capitulation que l'histoire connaisse. Le présent tragique, révélant le spectacle permanent de la misère physique et morale, et la perspective, plus lugubre encore, de l'avenir assombrissaient les esprits. L'invasion des Polonais en Posnanie, la concentration des troupes de la nouvelle République tchécoslovaque à la frontière de la Lusace aggravaient encore la situation. Hindenburg se chargea d'assurer la protection des frontières de l'Est, et il réussit à conclure un armistice avec les Polonais, le 6 février 1919. Néanmoins, la situation restait grave. Les agents tchèques opéraient par tous les moyens. Le 27 octobre 1918, c'est-à-dire avant la signature de l'armistice, le professeur tchèque Adolphe Czerny réclamait déjà dans un journal de Prague, *Narodni Listy*, que le droit de libre disposition fût accordé aux Wendes, en attendant que la question de leur nationalité fût décidée par la Conférence de la paix. Il recommandait en outre l'admission à cette Conférence d'une délégation de Wendes, lesquels, à son avis, devaient être annexés par l'État Tchèque. En même temps, les agents tchèques répandaient parmi la population rurale de la Lusace l'idée que les Wendes verraient revenir aussitôt leurs prisonniers de guerre et seraient exempts des charges de guerre qu'on allait imposer à l'Allemagne, s'ils passaient à la Tchécoslovaquie. Ces suggestions ne demeurèrent pas sans écho. Le 7 novembre, un agent d'affaires wende écrivait aux autorités saxonnes :

« Jusqu'à présent les deux journaux politiques, *Serbske Nowiny* et *Katolski Posol*, n'ont publié aucun article préconisant le rattachement du pays wende à la Tchécoslovaquie. Il ne semble pas du reste qu'un tel projet intéresse les Wendes pour le moment; ils se trouvent bien comme citoyens saxons; cependant, si un tel rattachement pouvait leur offrir des avantages politiques et économiques pour l'avenir, on ne peut pas savoir si, malgré l'indifférence nationale actuelle, ils ne finiraient pas par s'intéresser pour la Tchécolovaquie. »

Ce qui n'était dans cette lettre que légère allusion se transforma chez un autre Wende, qui avait depuis longtemps succombé aux suggestions des Tchèques, en véritable idée fixe. Celle-ci finit par le conduire au crime.

Un petit propriétaire rural, Ernst August Barth, né en 1879 à Litten, près de Bautzen, depuis 1918 maire de la commune de Briesing, près de Bautzen, membre de la diète saxonne, fonda, le 13 novembre 1918, un « Comité national wende » et publia le 16 novembre 1918 dans les *Serbske*

Nowiny un appel aux Wendes dans lequel on pouvait lire :

« Comme les trompettes du Jugement dernier, le vacarme des événements assourdit le monde. Quel écroulement!... l'Empire allemand tombe en ruines!... Ce n'est pas le moment de se demander anxieusement : Qu'adviendra-t-il de nous? Non! Il faut aller de l'avant. Mainte chaîne se rompt. Un avenir meilleur se lève pour le peuple wende aussi. Nous ne sommes plus séparés par aucune frontière; aucun oppresseur ne nous étrangle plus. Et tout ira encore mieux. Debout! Chrétiens, Wendes, propriétaires, tendons-nous les mains pour défendre et réaliser notre idéal, ériger le royaume de Dieu au pays des Wendes, défendre nos fermes, nos champs, notre chère langue maternelle. Dorénavant nous ne formons qu'un peuple, catholiques et protestants, habitant la Haute comme la Basse-Lusace. »

Le 20 novembre 1918 fut fondée dans une assemblée tenue à Crostwitz une « Ligue wende » (*Serbski Zwjazk*), qui publia une proclamation requérant tous les Wendes de la Haute et de la Basse-Lusace de faire tous leurs efforts, afin d'obtenir que les Wendes, eux aussi, fussent représentés à la Conférence de la paix.

Je passe sur les autres détails de l'agitation déployée tant en Lusace prussienne que saxonne par Barth et consorts. Les *Serbske Nowiny* ne tardèrent pas à se démasquer. Le 17 novembre 1918, un article publié par cette feuille se terminait par la phrase suivante : « S'il en était ainsi, et si, comme les journaux allemands le racontent, la Lusace ou tout au moins le pays wende devait échoir à la République tchécoslovaque, nous serions du coup délivrés de tout danger et de toutes nos angoisses au sujet de notre vie, notre fortune, nos églises et nos écoles. Or Dieu seul connaît l'avenir. » Le 20 décembre 1918, le Comité national wende envoyait à Prague son secrétaire Brühl, un professeur de collège qui, grâce à ses relations avec le professeur Czerny, obtint d'être emmené à Paris comme membre de la « délégation tchèque ». Dès le début de janvier 1919, il pouvait écrire au pays que les Wendes obtiendraient en tout cas l'autonomie, soit dans la République allemande, soit dans la République tchèque; mais, ajoutait-il, « Ce n'est pas là du tout ce que nos chefs espéraient ; ils voulaient une annexion (1) par la République bohémienne,

(1) Une telle annexion était impossible d'après le droit public en vigueur. Le professeur *Johann Kapras*, un juriste

fondée sur la base du droit historique. ». Cette phrase met en pleine lumière le vrai but, poursuivi — quoiqu'ils l'aient souvent nié — par les gens qui s'étaient groupés autour de Barth; ils opéraient pour le compte des Tchèques en vue de la séparation de la Lusace d'avec le Reich allemand et de son rattachement à la Tchécolovaquie.

Enfin, à l'appel du Dr Pata, « rapporteur au ministère tchèque pour la question de la Lusace », Barth lui-même partit pour Paris en passant par Prague, vers la fin de janvier 1919 ; il avait un passeport tchèque et voyageait dans un train officiel.

---

tchèque, le reconnaît lui-même : « Histoire du droit de la Haute et de la Basse-Lusace, etc. », traduction wende, Bautzen, 1916, p. 87 : « Par suite de l'entrée de la Saxe dans le nouvel Empire allemand et aux termes du § 78 de la Constitution allemande, le retour (à la Bohême) devenait douteux; par contre, aucune objection ne fut faite par le gouvernement viennois au nom de la couronne de Bohême. Ce silence fit perdre à la couronne de Bohême le droit d'incorporation de la Lusace, et un retour de cette province ne pourrait avoir lieu que dans les limites et suivant les dispositions de la Constitution du nouvel Empire allemand. Seuls, les points de droit concernant l'église catholique en Lusace furent nettement déterminés et reconnus également par le gouvernement saxon, comme il appert de la dépêche adressée le 5 décembre 1874 par le ministre Stremayr à l'envoyé saxon von Bose. »

Cependant, la résistance contre les projets de Barthe avait fini par s'organiser parmi les Allemands d'origine wende. Peu avant la fin de l'année parut dans les *Bautzner Nachrichten* la déclaration suivante : « Les professeurs et instituteurs des écoles protestantes mixtes germano-wendes protestent formellement contre toute propagande particulariste tendant au détachement de la Lusace d'avec la Saxe et le Reich allemand. Ils se déclarent prêts, par contre, à tenir le plus largement compte, comme par le passé, des désirs des parents wendes concernant la culture du caractère national. » Le 5 février, au cours de négociations officielles avec les représentants de la population wende, — négociations auxquelles assistaient les délégués des ministères saxons, toutes les personnes présentes, à l'exception d'un instituteur catholique, se prononçaient énergiquement contre les agissements de Barth et de son Comité national. Le 22 février, les mêmes questions furent discutées, presque par les mêmes délégués de la population wende et des autorités. Cette fois la convocation avait été faite par l'instituteur catholique dont il vient d'être question, mais ni lui ni les autres représentants du groupe Barth ne parurent. Barth, en effet, de retour de

Paris, avait organisé lui-même pour ce jour-là à l'hôtel « Zur Krone », à Bautzen, un « Congrès général des membres de l'Union serbe », auquel il présenta un rapport sur sa mission à Paris et déclara que, le 5 février, les réclamations des Wendes, formulées par le professeur tchèque Czerny, avaient été remises et expliquées par le ministre tchèque Benes à la Commission des Dix, et que Lloyd George et Wilson s'étaient montrés pleins de sympathie pour les questions wendes. Le 28 février et le 8 mars, le Comité national publia des déclarations analogues. Mais, au fond, Barth n'était pas si sûr de son affaire qu'il le prétendait, car, le 7 mars déjà, il repartait pour Prague en trompant le service allemand de protection des frontières. Revenu de Prague, il envoya, le 10 mars, deux appels pressants à Pata et au président de la Commission américaine à Prague. Les deux lettres qu'un certain Hitzke, vérificateur des viandes de boucherie, devait passer en fraude, furent saisies à la frontière. Le 24 mars, Barth repartait encore une fois pour Paris en passant par Prague. Là, son attitude fut influencée par un article que Pata fit paraître en avril dans la *Narodni Politika,* et dans lequel il déclarait que le mieux serait que l'Entente s'entremît, avec l'aide des Tchèques, en faveur des Wendes et fît occuper le pays par les armées alliées, afin d'établir une communication par terre entre la Bohême et la Lusace (et, partant, avec la Pologne).

Pendant ce temps, la cause des Wendes n'avait pas pris à Paris la tournure que Barth espérait. En mars, la Conférence de la Paix décida que la Lusace ne serait pas réunie à la Tchécoslovaquie. Sur ce, Barth et Brühl adressèrent au Président Wilson un mémoire dans lequel ils demandaient que le « territoire wende » de la Lusace prussienne et saxonne fût réuni en un État autonome faisant partie de la Confédération allemande, ayant sa propre administration, son propre gouvernement, sous la protection de la Société des Nations. Un nouveau mémoire fut soumis le 11 avril à la Conférence de la paix en vue d'exposer plus clairement les désirs de la population.

Dans ces jours critiques parut à Paris, le 15 avril 1919, dans le *Matin,* un article sensationnel qui s'intitulait : « L'Allemagne remobilise en secret. — Elle ouvre des bureaux de recrutement et continue à fabriquer des mitrailleuses et des obus. — Ces révélations nous sont apportées par la délégation tchécoslovaque. »

Le rédacteur du *Matin* indiquait comme garant le « président de la délégation », un monsieur Breda (mot wende qui signifie barbe, c'est-à-dire bart) qui lui avait parlé d'armements d'un caractère si dangereux à la frontière Est de l'Allemagne que le ministère de la guerre français se sentait « extrêmement inquiet ». L'article se terminait ainsi :

« Je fais appel aux alliés : il y a lieu de prendre dès maintenant des mesures, car d'ici peu de temps, les alliés de l'Entente qui se trouvent à l'Est de l'Allemagne, la Pologne et la Tchécoslovaquie, succomberont sous le nombre. Et alors les autres organisations telles que « Pour la sauvegarde de la frontière », « Pour la protection de l'Est », « Pour la protection de la mère-patrie », seront disponibles pour la reprise de la garde sur le Rhin; ainsi se réduiront à néant les résolutions même les plus « modérées » de la Conférence de la paix. »

Le but de cet article était évident. Par son exposé, en partie mensonger, en partie exagéré, des mesures qu'Hindenburg avait été contraint de prendre pour assurer la protection de la frontière allemande à l'Est, Barth voulait amener une mesure de guerre de la part de l'Entente dans le sens de l'article de Pata cité ci-dessus : l'occupation de la Lusace au nom des Alliés par les troupes tchèques. Il voulait créer ainsi un fait accompli, qui paraissait devoir lui assurer la réalisation de ses désirs, c'est-à-dire l'annexion de la Lusace par les Tchèques. C'est pourquoi Barth fut arrêté à la frontière à sa rentrée en Allemagne le 2 octobre 1919. Il fut traduit devant la Cour suprême de Leipzig, qui le condamna le 21 janvier 1920 à trois années de forteresse « pour tentative de crime de haute trahison et comme instigateur d'une tentative faite pour passer des lettres en fraude » (paragraphes 89 et 43 du Code pénal). Barth fut également déclaré déchu de ses fonctions de maire. Il a purgé une partie de sa peine. Le Gouvernement saxon lui en a remis le reste le 17 septembre 1920.

Les membres dirigeants du comité national wende, les acolytes de Barth, avaient déjà été atteints par la justice avant leur chef. En effet, la lettre écrite et envoyée par Barth de connivence avec eux, le 10 mars 1919 (voir ci-dessus), au commandant en chef de la mission américaine à Prague demandait l'intervention des États-Unis

Femme wende de parages de Muskau en costume d'église
d'après Leske, Voyage à travers la Saxe, 1785
Table 8

dans les questions de politique intérieure en Allemagne, et contenait sur des mesures militaires des indications qui auraient pu porter gravement préjudice au Reich allemand. L'autre lettre, adressée par Barth à Pata, priait celui-ci d'intervenir auprès de la mission américaine à Prague, afin qu'elle fît des représentations au gouvernement allemand au sujet des troupes allemandes cantonnées dans les villages wendes. Le courrier du comité, Jean Hitzke, les expéditionnaires du bureau du comité, Jacob Hitzke et Hantusch, un propriétaire Dutschmann, le curé Dobrucky et deux autres membres du comité avaient été arrêtés, après que les autorités eurent pris connaissance du contenu des deux lettres. Ils furent condamnés par la huitième chambre du Tribunal de première instance de Bautzen, le 20 juin 1919, à des peines variant d'un à quatre mois de prison et à des amendes « pour passage interdit de la frontière, propagation interdite de libelles à l'étranger, pour instigation et connivence, etc. ». Le jugement fut confirmé le 29 mars 1920 par la Cour suprême de Leipzig qui rejeta la revision, mais, les condamnés ayant recouru en grâce, leur punition fut remise.

Les dispositions du Traité de Versailles remises

le 7 mai 1919 aux négociateurs allemands ne contenaient aucune clause concernant la Lusace, et bien que les Wendes de la nuance Barth eussent continué à bombarder de pétitions la Conférence de la paix, le traité définitif de paix, signé le 28 juin 1919, ne contient aucune disposition spéciale concernant la Lusace. Les hommes d'État de l'Entente ont dû, eux aussi, se persuader, au cours de leurs travaux, qu'on les avait trompés sur l'histoire, le nombre et la situation des habitants de la Lusace de langue wende, et qu'il n'y avait aucune raison plausible d'arracher le petit reste des Wendes germanisés à leur union presque millénaire avec les Allemands. Le professeur Pata lui-même, rapporteur au ministère tchèque, a dû finir par convenir, dans le Ceskoserbski Vestnik de juillet 1920, que ses efforts pour entraîner la totalité ou du moins la majorité des Wendes à la suite d'un traître notoire avaient complètement échoué.

Les Wendes à l'heure qu'il est

Le chiffre total de la population wende en Prusse et en Saxe, y compris les bilingues, s'élevait, d'après le recensement de 1910 (1) (*Annuaire statistique de* 1913), à 111.167, dont 43.358 en Saxe et 67.809 en Prusse. Les Wendes habitaient principalement dans les arrondissements prussiens de Francfort-sur-l'Oder et de Liegnitz et dans l'arrondissement saxon de Bautzen, c'est-à-dire en Haute-Lusace saxonne. Dans l'arrondissement de Francfort, environ 35.000 Wendes étaient répartis entre les cantons de Cottbus-ville, Cottbus-campagne, Spremberg, Calau et Lübben, tandis que l'arrondissement de Liegnitz comptait environ 28.000 Wendes dans les cantons de Hoyerswerda, Rothenburg et Sagan. Dans la Haute-Lusace saxonne, la majeure partie

(1) Le chiffre total des Wendes, d'après le recensement de 1925, est indiqué p. 176.

des Wendes habitent le canton de Bautzen, celui de Kamenz et une partie celui de Loebau (1).

Mais, sur ces territoires, les Wendes ne se rencontrent pas en masses compactes; ils se trouvent groupés, comme la carte jointe à ce traité l'indique, dans leurs villages situés au milieu d'une population allemande, et leurs villages eux-mêmes ne sont pas exclusivement habités par des Wendes. Ainsi, en Saxe, sur les 299 communes rurales du territoire appelé communément « Wendei », il n'y en a pas moins de 187 dont la population est en majorité allemande et, sur le reste, on trouve à peine une douzaine de villages que l'on puisse considérer comme ayant une population en majeure partie wende. Il suffit de jeter un coup d'œil sur la carte pour se rendre compte que les colons wendes sont surtout groupés en demi-cercle plus ou moins grand autour des villes de Bautzen, de Cottbus et d'Hoyerswerda.

---

(1) Il est étonnant qu'on trouve souvent dans les journaux étrangers des chiffres beaucoup trop élevés. Il est encore plus surprenant que M. Scala, qui a pourtant été employé autrefois au *Serbake Nowiny*, à Bautzen, indique dans *Kulturwillen* (1re année, p. 78) un chiffre de population wende de 200.000 personnes. Il est vrai que deux pages plus haut il indiquait le chiffre de 250.000 !

La vie économique des Wendes est fort simple. Ce sont, en majeure partie, des paysans qui cultivent de petites et moyennes propriétés ou, lorsqu'ils ne possèdent pas assez de terrain pour leur entretien, gagnent leur vie comme ouvriers agricoles ou artisans. Une petite partie seulement des Wendes de la Haute-Lusace a émigré dans les villes, où ils occupent des positions stables comme ouvriers de fabrique, employés de commerce ou comme petits industriels ou petits commerçants. Le nombre de Wendes dans des professions libérales, telles que celles d'instituteur, professeur, ecclésiastique, etc., est fort restreint. Ces Wendes, pour la plupart, sont aussi rudement atteints par la crise économique actuelle que les Allemands qui exercent les mêmes professions. Mais, dans les premières années qui suivirent la guerre, les propriétaires fonciers wendes ont eu les mêmes chances de succès que leurs collègues allemands. Au cours de mes nombreuses excursions à travers les villages dans les environs du couvent de Marienstern ou dans les régions au nord de Radibor et de Weissenberg, je me suis toujours réjoui de voir avec quelle industrieuse activité la population procédait aux travaux de réfection des clôtures et des bâtiments de ferme et même à de nombreux travaux d'agrandissement et à de nouvelles constructions de maisons d'habitation, d'étables et de granges. L'agriculteur wende étant travailleur et circonspect, il surmontera à la longue la crise actuelle. Diverses banques allemandes s'efforcent de l'y aider en lui accordant des crédits ; les Wendes eux-mêmes ont créé une coopérative, l'Union de crédit et d'épargne de la Lusace. La concurrence faite par la « Banque populaire wende » (*Serbska ludowa banka*), créée par la haute finance tchèque, et indépendante d'elle, est moins réjouissante. La banque possède des comptoirs à Bautzen et à Cottbus et des succursales à Hochkirch, Hoyerswerda et Werben, village du Spreewald. Au nombre des membres de son conseil d'administration se trouve M. Barth !

Dans la *Basse-Lusace*, l'extension prise par l'industrie minière du lignite a ébranlé nombre de paysans wendes qui ont cédé leurs terres aux propriétaires des mines de lignites ou à des spéculateurs pour devenir eux-mêmes ouvriers dans les mines ou les briquetteries. Mais ces faits regrettables en soi n'atteignent pas seulement les milieux wendes, mais aussi les paysans allemands, et sont la conséquence naturelle qu'a eue le développement moderne dans le domaine économique, contre laquelle l'État est impuissant. Celui-ci s'efforce, du reste, en ouvrant de nouveaux terrains à la colonisation, de rendre à l'agriculture le terrain qu'elle a perdu.

Les *villes* dans ces régions parsemées de villages allemands florissants et de villages à population de langue wende non moins propres et florissants, sont exclusivement allemandes et l'ont été de tout temps. Quiconque admire les magnifiques édifices de la ville de *Bautzen* (pl. 10), doit reconnaître que cette ville est essentiellement allemande, et que le caractère de ses édifices indique une civilisation absolument allemande. J'insiste sur ce point, parce qu'on a souvent désigné Bautzen comme une ville foncièrement wende, le bastion du peuple wende. C'est ce que Bautzen n'a jamais été, comme le prouvent les listes de bourgeois, dressées depuis des siècles; aujourd'hui cette ville l'est moins que jamais. D'après le recensement de 1910, Bautzen comptait 35.322 Allemands, et seulement 872 habitants de langue wende, donc un seul Wende sur 40 habitants. Cependant la population allemande de Bautzen, pleinement consciente de son caractère autochtone, a toujours traité la petite minorité de langue wende, mêlée à elle, sur un pied de parfaite égalité et lui a prêté aide dans tous ses efforts particularistes en vue du maintien de sa langue. Mais cette attitude envers une minorité n'a pas changé le moins du monde le caractère d'une ville absolument allemande.

Il en est de même de *Cottbus*. Située au centre du territoire habité par la population wende de la Basse-Lusace, cette ville de 48.000 habitants, dont seulement 900 étaient Wendes (en 1925 il n'y avait plus que 44 Wendes), Cottbus leur a toujours offert un fraternel accueil. Je citerai à ce propos les lignes suivantes tirées d'un rapport de la municipalité : « Il faut notamment souligner que, comme nous avons pu le constater, on ne remarque aucun effort dans la population wende des villes et de la campagne pour appuyer et maintenir le caractère national wende. De semblables efforts n'ont été faits, depuis des années, que par la population allemande et ils ont été couronnés de succès, comme en font foi les collections du Musée municipal, de la Société d'histoire locale et de la Société d'anthropologie et d'archéologie de la Basse-Lusace. Les associations dites du Spreewald, fondées et développées par les Allemands, et qui disposent de capitaux considérables, se sont également et pratiquement mises au service de tout ce qui est wende. Personne ne regrette plus que les Allemands la disparition toujours plus grande des Wendes dans le Spreewald. Des milieux tels que ceux des « Amis du sol natal » (Heimatfreunde) et des « Explorateurs du sol natal » (Heimatforscher) y font des recherches ethnologiques. Ces faits prouvent en tous cas les bonnes intentions et la largeur de vues du peuple allemand. Et il n'y a pas là de changement à redouter, à moins que des intrigues fomentées par l'étranger ne finissent par troubler les relations loyales entre Wendes et Allemands ».

Au point de vue religieux, les Wendes de Saxe sont divisés ainsi : trois quarts d'entre eux sont protestants, un quart catholique. Aucune des communes protestantes n'est entièrement wende. Si l'on ajoute les deux communes de Goeda et de Wilthen, qui font partie de l'éphorie de Radeberg, il y a 23 paroisses bilingues, comprenant 56.591 âmes et 26 ecclésiastiques. Sur ces 23 paroisses, la moitié environ est mixte (avec majorité de population allemande), notamment les grandes paroisses de Bautzen (Saint-Michel), 8.286 âmes; Gaussig, 3.667; Kittlitz, 4.436; Neschwitz, 3.062; Postwitz, 5.600; Wilthen, 3.184; Goeda, 4.686. Par contre, parmi les paroisses à majorité wende, il y en a six qui n'ont même pas mille habitants. Dans toutes ces paroisses à majorité allemande ou wende, le service divin se fait dans les deux langues; il faut donc que les prêtres connaissent également le wende. Du reste, à Dresde même, un service divin a lieu quatre fois l'an au temple protestant de la Croix pour les Wendes protestants habitant cette ville; de même à l'église catholique de la Cour, un service divin a lieu quatre fois l'an pour les catholiques de langue wende.

Le synode évangélique de Saxe a introduit, par loi ecclésiastique du 30 décembre 1925, une importante innovation, d'après laquelle, pour les paroisses mixtes germano-wendes et wendo-allemandes, il sera adjoint aux surintendants un prêtre suppléant permanent, à choisir parmi les pasteurs soit du district ecclésiastique du surintendant, soit du district voisin, lequel suppléant devra savoir le wende et remplacera le surintendant dans ses fonctions toutes les fois que celles-ci exigent la connaissance du wende et en particulier lorsqu'il s'agit des services divins dans la dite langue.

Fait remarquable, ce sont les vieux paysans wendes eux-mêmes qui protestent contre l'introduction des lettres latines (tchèques) dans le livre de cantiques en langue wende que l'on va réimprimer, parce qu'ils sont accoutumés à les lire, de même que la Bible (1), en lettres gothiques. Ils se plaignent également de ne pouvoir comprendre les nouveaux mots par lesquels les gens de la « Macica Serbska » veulent remédier à la pauvreté de la langue wende.

Dans la Haute-Lusace saxonne, il y a six paroisses catholiques exclusivement wendes, dans lesquelles le service religieux se fait en langue wende, à savoir : Crostwitz (3.800 hab.), Radibor, Nebelschütz, Ralbitz, Ostro, Storcha (450). La paroisse catholique de Bautzen, qui compte environ 5.000 âmes, est bilingue, mais ne comprend qu'un petit nombre de citoyens de langue wende.

Les Allemands de langue wende de la *Basse-Lusace* (arrondissement de Francfort-sur-l'Oder)

(1) Vierset écrit, p. 50 : « Les Bibles éditées en wende par la British Biblical Society ont été achetées en bloc il y a deux ans (c'est-à-dire en 1921) par la Société biblique de Dresde qui a refusé de les mettre en vente sous prétexte que les Lusaciens sont incapables de lire le slave ». J'ai demandé ce qu'il en était à M. le professeur Noth, gérant de la Société Biblique en Saxe qui m'a répondu : « La société biblique en Saxe, dont le siège est à Dresde, n'a jamais acheté de Bibles en wende à la British Biblical Society. Elle a publié elle-même des Bibles wendes et les répand autant qu'elle le peut. Un pasteur wende fait depuis longtemps partie du comité directeur de notre société. »

et de Silésie (arrondissement de Liegnitz) sont en majeure partie protestants. Il n'y a pas d'églises où le prêche se fasse seulement en wende ; mais dans huit églises, en Basse-Lusace, on prêche dans les deux langues, à savoir : à Briesen, à Burg, à Cottbus (église du couvent), Dissen, Sielow, Kolkwitz, Gulben, Fehrow. Le catéchisme est enseigné aux enfants qui se préparent à la confirmation soit en allemand, soit en wende, suivant que le pasteur le juge utile. Des cantiques et certaines parties du catéchisme luthérien sont également enseignés en wende aux enfants. Le prêche a lieu en wende dans 16 temples de l'arrondissement de Liegnitz, à savoir: dans le canton d'Hoyerswerda, dans 11 églises protestantes et dans une église catholique; dans le canton de Rothenburg (H.-L.), dans quatre temples protestants. Toutefois, les bourses d'étude fondées en vue de la formation de prédicateurs en langue wende n'ont plus été accordées depuis longtemps, faute d'intéressés. Du reste, le Consistoire Supérieur en Prusse a toujours eu soin de choisir pour les minorités de langue étrangère des pasteurs compétents. Le paragraphe premier de l'article 7 de la constitution de l'ancienne Eglise de Prusse est conçu comme il suit : « Dans les régions de langue mixte, on prendra spécialement soin de faire le service divin dans la langue maternelle des paroissiens. » Aujourd'hui encore, l'Eglise protestante de Prusse s'efforce de trouver des pasteurs dans les milieux où l'on parle l'idiome étranger dans les régions respectives, ce qui est, il est vrai, parfois bien difficile. Ces principes, qui viennent d'être rappelés formellement (Cf. le journal *Pomhaj Boh* du 21 mars 1926, p. 48), sont appliqués non seulement aux Wendes, mais aussi aux Lithuaniens, aux Polonais et aux Masoures de Prusse.

En Saxe, depuis qu'il existe une législation codifiée et une administration publique, il n'y a jamais eu de différence au point de *vue administratif et juridique* entre les citoyens de race allemande et de race wende. En Prusse aussi, les wendes jouissent absolument des mêmes droits que la population allemande. Même droit, mêmes lois pour tous. Bien que, sur ce point, la situation soit bien claire, certains journalistes et publicistes étrangers ne cessent de prétendre que les Wendes sont privés de leurs droits. On ressasse par exemple l'ineptie que les grands propriétaires fonciers auraient le droit d'exproprier les paysans et fermiers wendes d'un village sur le territoire duquel se trouve la ferme seigneuriale (Rittergut). Le baron Ratenau aurait ainsi accaparé tout le village de Lubas. Or, des recherches faites, il résulte qu'il n'y a jamais eu de baron Ratenau en Lusace. Il s'agit vraisemblablement d'un M. von Rabenau qui, en 1862, acheta pour la somme de 179.000 écus, à deux comtes de Lippe, les domaines de Niedergurig avec Briesing, de Kleindubrau avec la métairie de Lubas et de Grossdubrau. Lubas n'est donc pas un village, mais une grande métairie. Elle se trouve du reste rubriquée comme tel dans l'atlas d'Oberreit de 1835. Puisque c'est une métairie de propriété noble, elle ne peut avoir été en possession de paysans wendes. Cette métairie a été démolie peu avant 1890, parce qu'elle menaçait ruine. Une grande nappe d'eau souterraine, qui forme maintenant l'étang de Lubas, en avait miné les fondations. Les bâtiments de la métairie se composaient de la maison d'habitation avec hangar et d'une bergerie. Il n'y avait pas d'autres bâtiments d'habitation. Ainsi donc, les indications contenues dans la presse étrangère sont fausses et tendancieuses. Et c'est le cas en général. Lorsqu'on approfondit, on s'aperçoit vite que tels détails sensationnels reposent sur une ignorance complète des faits ou sur une altération volontaire de la vérité. N'a-t-on pas même été jusqu'à prétendre que, contrairement à la loi, le servage existait encore dans le « royaume de Saxe » (!) et dans diverses parties de la Prusse, où il n'était pas rare de voir les paysans vendus avec les terres sous prétexte que c'était l'usage. Inutile de perdre son temps à vouloir réfuter ces inepties (1). Le fait est que nulle part on ne trouve la moindre mesure d'exception contre des Allemands de race wende; partout on rencontre la meilleure entente entre les deux parties de la population, entente basée sur un esprit d'égalité toute naturelle. Le paysan wende apporte les produits de ses champs aux commerçants allemands dans les villes, et l'industrie, le commerce allemands lui fournissent en retour tout ce dont il a besoin pour lui, les siens et l'exploitation de ses terres.

Le caractère national, les mœurs et la langue maternelle du citoyen de langue wende sont partout respectés. Ainsi, en Saxe, en vue des cas, du reste fort rares, où un Wende ne comprendrait pas suffisamment l'allemand, les tribunaux et les bureaux des gouvernements provinciaux disposent, depuis de longues années, d'un fonctionnaire qui

(1) Vierset, *Un peuple martyr*, etc., pp. 51 et suiv.

parle wende. De même, en Prusse, on fait appel à des interprètes dans des cas semblables. Les Wendes sont complètement libres de parler leur langue maternelle, mais il n'y en a plus actuellement qui ne sachent en même temps l'allemand. Les cas où l'on est obligé de faire appel à des interprètes, soit en justice, soit pour toutes autres transactions devant les autorités, sont extrêmement rares. Les liens économiques étroits entre la population allemande et la population wende ont eu pour effet, et sans que les autorités s'en soient mêlées le moins du monde, de faire de l'allemand la langue employée dans toutes les transactions de la vie courante. Ce qui ne veut pas dire que certains commerçants dans les villes ne s'efforcent pas, et pour cause, de servir la clientèle de la campagne en se servant du wende. Les photographies prises à Cottbus prouvent clairement que personne ne songe à empêcher la « Serbska ludowa banka » et le « Serbski Hospodar » d'avoir de grandes enseignes, bien visibles, en wende. Les organisations économiques et tous les commerçants privés, également à Bautzen et dans les localités environnantes, jouissent de la même liberté (v. pl. 11). En ce qui concerne le règlement des affaires communales, le wende jouit

1. Costume d'église à Rengersdorf
2. Costume de bonne de Görlitz
d'après Leske, Voyage à travers la Saxe, 1785
Table 9

encore des mêmes droits que l'allemand. Dans les assemblées des conseils communaux et municipaux, les débats ont lieu tantôt en wende, tantôt en allemand, au gré de l'orateur. Sur les pierres tombales et sur tous les monuments élevés depuis quelque temps en mémoire des victimes de la guerre et que l'on trouve actuellement dans chaque village, on lit des inscriptions en wende et, à l'occasion de fêtes ou de réjouissances, les couleurs des Wendes, bleu, blanc, rouge (ce sont les couleurs de la Tschécoslovaquie, en ordre interverti, il est vrai!) flottent au sommet des mâts. Jamais une assemblée organisée par les Wendes, qu'il s'agisse d'une réunion, d'une pièce de théâtre, d'un concert, d'un cortège wendes, même avec les « drapeaux wendes », n'a été interdite par les autorités, ni troublée par le public allemand. Personne n'empêche les Wendes de planter leur arbre de mai, de célébrer à leur manière leur fête des œufs ou leurs chevauchées de Pâques, d'organiser leurs fêtes et leurs danses en costumes nationaux. Au contraire, la population allemande se réjouit de voir conservés le caractère et les vieilles coutumes wendes; elle se joint à eux et prend part joyeusement à la fête. Ce sont précisément les Allemands qui ont cherché et qui cherchent encore à ranimer ces vieilles coutumes et à empêcher la lente disparition des anciens usages et des costumes wendes (v. p. 81 et suiv. ainsi que les planches représentant les costumes nationaux).

La *presse wende*, également, est entièrement libre et n'est soumise à aucune mesure restrictive, bien que l'attitude de certaines feuilles ait été à certains moments, et qu'elle soit encore maintenant, peu agréable pour le Reich et l'Etat. Le développement qu'elle a pris montre le mieux qu'elle n'a pas été entravée.

Le principal journal politique en langue wende, *Serbske Nowiny* (Les Nouvelles Wendes), est une feuille quotidienne, fondée en 1825, à Leipzig, par les étudiants wendes Seiler et Krüger. Il paraît chez l'éditeur Schmaler, société à responsabilité limitée, à Bautzen; les rédacteurs responsables sont Marko Schmaler, à Bautzen, pour la politique, et Ernst Barth, à Briesing, déjà nommé ci-dessus, pour la partie économique. Ce journal paraît avec plusieurs suppléments gratuits, dont un supplément mensuel pour les étudiants wendes, le *Serbski Student*, un supplément agricole bihebdomadaire, le *Serbski Hospodar* (directeur, Barth) et un supplément du samedi (*L'Illustration moderne*). En outre, d'autres suppléments non gratuits : un périodique pour les enfants, qui paraît irrégulièrement, *Raj*, un supplément hebdomadaire traitant des questions religieuses au point de vue protestant, *Pomhaj boh*, et le journal des missions protestantes, *Missionski Posol*, qui paraît tous les mois. Le journal *Serbske Nowiny*, avec ses suppléments, est surtout répandu dans la Haute-Lusace saxonne et les districts prussiens avoisinants de Wittichenau et d'Hoyerswerda. On ne le trouve que par-ci par-là dans le reste du territoire où habitent des Wendes. La tendance en est nettement nationaliste wende prononcée, et il sert en même temps d'organe de propagation et d'étude de la nouvelle langue wende, dans le but avoué de développer le sentiment national chez les Wendes et de les réunir tous dans une communauté de vie et de sentiments.

Chez Schmaler, à Bautzen, paraît également le *Serbski Cassnik*, hebdomadaire destiné aux lecteurs de la *Basse-Lusace*. La rédactrice responsable est une dame Minxa Witke, de Bautzen. Cette feuille, à faible tirage, est peu répandue. Elle poursuit, en s'adaptant à la situation dans la Basse-Lusace, les mêmes buts que les *Serbske Nowiny* et est rédigée dans un dialecte de la Basse-Lusace. Les *Serbske Nowiny* et *Serbski Cassnik* sont les deux principaux propagateurs de l'idée d'une étroite union entre les Wendes et les Tchèques et sont en même temps les porte-parole de la société tchéco-wende « Adolf Czerny », à Prague.

Le *Katolski Posol* est le journal des *Wendes catholiques*. Il paraît depuis 1863 et est l'organe de la « Société des Saints Cyrille et Méthode », fondée à Bautzen en 1862 par un prêtre catholique, Michel Hornik. C'est une feuille hebdomadaire imprimée chez Donnerhak, à Bautzen ; le vicaire Ketta, à Bautzen, signe comme rédacteur responsable.

La revue *Sokolske Listy* propage les idées du *Sokol wende*. Jusqu'à la fin de 1925, elle paraissait irrégulièrement comme supplément gratuit des *Serbske Nowiny*; or, depuis le 1er janvier 1926, elle paraît comme organe mensuel des membres du Sokol wende et est le porte-parole de l'idée panslaviste du Sokol. Le rédacteur en chef est un ancien instituteur d'école communale de Saxe, Schletze, à Bautzen. Celui-ci a étudié et passé son doctorat à Prague. Il est secrétaire de la « Domowina » et de la ligue des Sokols wendes.

La revue mensuelle *Luzica*, qui paraît sous sa forme actuelle depuis 1881, a un contenu littéraire. Elle est éditée chez Schmaler, à Bautzen.

La *Casopis Macicy Serbskeje*, qui paraît deux fois l'an depuis 1852, est l'organe des membres de la « Macica Serbska », société scientifique wende, et poursuit des buts scientifiques et littéraires. Elle paraît également chez Schmaler, à Bautzen, et c'est le président de la Macica Serbska qui en est actuellement rédacteur. A part son caractère scientifique et littéraire, cette revue s'attache surtout à publier tout ce qui peut servir à l'éducation et à l'instruction des Wendes.

Trois calendriers wendes sont publiés à l'usage des paysans : un calendrier protestant, pour la Basse-Lusace, *Pratyja*, qui paraît depuis 1880; le *Predzenak* (le « Fileur »), publié depuis 1854 par la Macica Serbska, et un calendrier catholique *Krajan* (le « Paysan ») qui paraît depuis 1868. Leur tirage varie entre 2.000 et 5.000 exemplaires.

Les multiples *associations wendes* ont pu se développer en toute liberté. On peut les diviser en trois groupes principaux : le premier comprend les sociétés qui ont pour but de défendre et de développer tout ce qui a trait au caractère national wende ; le deuxième, les sociétés de sport ; et le troisième les sociétés de divertissement. Toutes ces sociétés, à quelques exceptions près, sont groupées dans la « Domowina », l'Union des sociétés wendes dont le siège est à Bautzen, et dont Barth est le président. Le Sokol wende se range à part; il se nomme ouvertement société de gymnastique slave.

A la tête du premier groupe se place la « Macica Serbska », fondée en 1845 à Breslau par Ernst Schmaler sur le modèle des Macica tchèque et illyrienne. Créée comme société littéraire wende, elle a vu ses statuts approuvés par le gouvernement le 26 février 1847. Tout Wende peut en devenir membre. Les buts de la société sont, d'après les statuts : la publication de bons livres, de brochures scientifiques, d'une revue pour l'instruction du peuple wende; les promoteurs de ce but doivent s'efforcer de perfectionner la langue et de l'adapter aux besoins modernes; enfin la création de caisses de secours mutuels.

La « Macica Serbska » a fini par devenir la société par excellence des intellectuels wendes. Elle a incontestablement aidé au relèvement du caractère national wende; aussi est-il regrettable qu'elle soit devenue infidèle à sa tâche purement éducatrice et qu'elle se soit risquée sur le terrain politique en adhérant au Conseil du peuple wende, dont il sera question plus loin (v. p. 164).

Outre la « Macica », il y a, d'une part, la Société

des Saints Cyrille et Méthode, fondée en 1862 à Bautzen par un prêtre catholique, Michel Hornik. Elle a pour but de grouper tous les Wendes catholiques et de publier, non seulement des petits livres pratiques et à bon marché, mais aussi le *Katolski Posol*. D'autre part, il y a la « Conférence des prédicateurs évangéliques wendes », issue de la Société bibliographique luthérienne wende de Saxe, fondée en 1863 par le pasteur Immisch. La fondation de cette société avait été jugée nécessaire, les statuts de la « Macica Serbska » défendant à celle-ci de publier des œuvres religieuses. A côté de cette Conférence des prédicateurs, il existe encore la « Conférence des pasteurs wendes de la Haute-Lusace prussienne », fondée en 1880 par le pasteur Wjelan, à Schleife, sur le modèle de la Conférence saxonne.

Du premier groupe font également partie : la « Société des étudiants wendes », qui a repris la succession de la « Société des étudiants wendes à Prague », fondée au séminaire wende de Prague en 1846 et dissoute à sa fermeture en 1922-23, — société aux intérêts économiques et politiques dirigés dans le sens nationaliste wende; en outre, un certain nombre d'associations d'écoliers, pour l'étude de la langue maternelle wende, telle que la « Societas slavica Budissinensis », fondée en 1820 au collège de Bautzen; la « Société Swoboda », association des élèves wendes des écoles normales protestantes et des élèves des écoles primaires supérieures et dont le pendant, du côté catholique, est la « Wloda », toutes deux à Bautzen; la société de la « Jeunesse patriotique wende », fondée au collège de Cottbus en 1849; enfin la « Société de secours aux étudiants wendes », fondée en 1880 par le Polonais Pawczewski.

Il ne faut pas confondre la « Société des étudiants wendes » nommée ci-dessus avec la « Ligue des étudiants wendes » (Hlowna skadzowanka), fondée à Crostwitz le 6 août 1875. Elle se nomme également « Convent principal » et est une association libre et non enregistrée des étudiants de l'enseignement supérieur et des élèves des écoles secondaires et des collèges. Elle comprend à titre personnel les membres des associations d'élèves et d'étudiants déjà mentionnées et se réunit une fois l'an. Enfin, au premier groupe se rattachent encore la ligue de la jeunesse agricole wende et l'Association des membres du clergé et des instituteurs des deux confessions; l'association des

« écrivains wendes », celle des « orateurs wendes » et des « sociétés artistiques wendes ».

Le groupe des sociétés de sport et de divertissement comprend actuellement environ 85 sociétés locales. Le *Sokol wende* a un caractère nettement panslaviste et soutient les idées nationalistes wendes. Il tend à développer la jeunesse wende au moyen d'une variante slave des méthodes de gymnastique. Pour le Sokol, la gymnastique n'est qu'un prétexte; son but véritable est de réunir les Wendes en des sociétés d'où sont sévèrement exclus les Allemands et d'élever la jeunesse wende dans des idées nationalistes. Le Sokol a été fondé à la fin de 1920 avec la participation active du Sokol tchèque, dans lequel a été créée une section wende avec le but avoué « de consacrer systématiquement son attention aux groupes du Sokol dans la Lusace et d'éveiller l'intérêt dans le Sokol tchécoslovaque pour le Sokol wende ». Le Sokol tchécoslovaque est en première ligne une formation militaire et politique et a absolument le caractère d'une milice tchécoslovaque. Le mouvement sokol wende a pris une grande extension dans les dernières années. Actuellement, on compte au moins 20 Sokols dans la Haute-Lusace, avec environ 500 membres. Leur chef est l'ancien instituteur saxon Schletze, déjà nommé, qui coopère étroitement avec la « Domowina » de Barth. Les relations constantes avec les Sokols tchécoslovaques sont très actives. A diverses reprises, des membres du Sokol tchèque ont séjourné en Lusace, dans des localités qui comptent un Sokol, pour enseigner aux groupes wendes la méthode de gymnastique des Sokols; d'autre part, des maîtres de gymnastique wendes se sont rendus à Prague en février 1925, sous la conduite de Schletze, pour y apprendre les méthodes du Sokol.

Le but poursuivi par les Sokols panslavistes (tchèques, yougoslaves, bulgares, russes, polonais) est facile à entrevoir pour tout observateur un peu attentif. Les fêtes des Sokols à Prague, et notamment celles qui ont eu lieu en juillet 1926, avec la participation militaire française, montrent l'esprit qui les anime. Les étroites relations entre les Sokols wendes et les Sokols panslavistes tchécoslovaques n'ont pas soulevé d'opposition en Allemagne. Cette tolérance contraste fort avec l'attitude observée en Tchécoslovaquie à l'égard des sociétés allemandes, auxquelles il est formellement interdit, même lorsqu'elles n'ont aucun caractère politique, de s'affilier à des sociétés étrangères.

De toutes les questions wendes, celle de l'*enseignement* a toujours été la plus vivement controversée. Là encore, nous retrouvons Barth avec son radicalisme, mais il n'a jamais été appuyé dans ses revendications, et ne l'est encore maintenant, que par un très petit nombre de Wendes. Les Wendes sont, en effet, pour la plupart, des gens calmes, de bons Allemands, dévoués aux institutions de leur pays, fort religieux, cultivant paisiblement leurs champs et vaquant tranquillement à leurs affaires. Aussi voyons-nous ces milieux, au moment même où l'influence de Barth était à son apogée, fonder le « Comité d'étude pour les questions wendes » et le « Comité des Wendes fidèles à la Saxe », qui, unissant leurs efforts, élaborèrent un programme dans lequel ils exposaient leurs principaux principes en 17 desiderata, dont la plupart étaient relatifs à l'enseignement. Ce programme raisonnable et modéré fut soumis aux ministères saxons et publié dans les journaux de la Lusace. Le 5 mars 1919, les deux comités organisèrent à Bautzen deux réunions publiques, auxquelles assistèrent des milliers de personnes, et dans lesquelles fut proclamée solennellement l'union indissoluble entre les Wendes et les Allemands de la Haute-Lusace.

Presque tous les désirs exprimés dans les 17 points du programme élaboré dans un esprit de conciliation et dans le but de respecter les intérêts de la population wende et de la population allemande, ont pu être réalisés.

Les desiderata relatifs à l'enseignement ont été pris tout particulièrement en considération par la loi transitoire sur l'enseignement primaire du 22 juillet 1919, et cela d'une manière satisfaisante pour les Wendes. Le *Katolski Posol* lui-même, qui est cependant un journal à tendances décidément nationalistes, déclarait le 21 juin 1919 : « Il faut avouer que les avantages garantis par cette loi constituent une acquisition pour notre peuple. » Depuis l'entrée en vigueur de cette loi, l'Etat libre de Saxe reconnaît, au même titre que les écoles primaires allemandes, dans lesquelles il n'est accordé qu'une place restreinte à la langue wende, les écoles primaires bilingues et les écoles exclusivement wendes. Or, il n'existe pas d'écoles primaires exclusivement wendes dans le district de Bautzen, c'est-à-dire qu'il n'en existe point dans l'Etat libre de Saxe. Il n'y a dans l'arrondissement de Kamenz que deux écoles catholiques, notamment à Ralbitz et à Rosenthal, qui, pour le moment, n'ont que des élèves wendes. Toutefois, les autorités scolaires compétentes ont déclaré ces deux écoles comme bilingues, et non comme exclusivement wendes, ce qui n'a du reste aucune importance en pratique, puisque le plan d'études est le même pour les deux genres d'écoles. On entend par école bilingue une école fréquentée par des élèves allemands et des élèves wendes et déclarée « mixte quant aux langues » par les autorités scolaires.

Dans les deux sortes d'écoles, l'enseignement religieux est donné en allemand et en wende. D'après la loi scolaire transitoire, les élèves doivent également apprendre à parler et à écrire convenablement l'allemand. Le plan d'études prévoit pour les enfants d'origine wende l'étude du wende. Les enfants wendes doivent apprendre à lire et à écrire leur langue. Ils doivent également avoir l'occasion d'apprendre des rondes d'enfants et des chansons populaires dans leur langue maternelle. Les instituteurs des écoles bilingues et des écoles exclusivement wendes doivent employer le wende, à côté de l'allemand, dans toutes les classes. Les parents qui font inscrire leurs enfants à des écoles wendes ou bilingues doivent indiquer si l'enfant est Wende ou Allemand. L'enfant est dispensé, par le directeur de l'école, des leçons de langue wende sur la demande expresse de ses parents. Ce sont donc uniquement les personnes ayant droit à l'éducation qui décident si l'enfant doit apprendre le wende ou non.

La nouvelle réglementation ayant eu pour effet d'augmenter les matières du programme, la loi transitoire prévoit que, dans les écoles wendes et bilingues, les heures de classe seront augmentées d'au moins trois par semaine. En conséquence, le plan d'études dans les écoles bilingues est organisé de sorte que les leçons spéciales données aux enfants wendes ne portent pas préjudice aux élèves allemands. Toutefois, l'emploi du wende pour l'enseignement n'est pas restreint à ces trois heures de leçons, une telle restriction n'étant ni envisagée dans la loi, ni appliquée en pratique.

Le surplus des frais résultant de la nouvelle réglementation est à la charge de l'Etat, c'est-à-dire que la majorité allemande de la population saxonne est grevée, elle surtout, des frais de l'enseignement donné à la minorité wende dans sa langue maternelle.

Le wende figure d'ailleurs comme branche facultative au programme des écoles secondaires de Bautzen; les élèves wendes et allemands peuvent l'apprendre s'ils le désirent. Des cours spéciaux ont été organisés au collège de Bautzen, ainsi que dans les deux anciennes écoles normales de cette ville pour la formation et le perfectionnement d'instituteurs et des membres de l'enseignement supérieur en langue wende. Des cours d'adultes ont aussi été organisés. Les élèves allemands et wendes de l'école supérieure et de l'école de commerce de Bautzen peuvent suivre, eux aussi, les cours de langue wende, soit au collège, soit à l'une des deux écoles normales. Le consistoire de l'Église protestante luthérienne en Saxe a mis des bourses d'étude à la disposition d'élèves qui voudraient devenir pasteurs dans les contrées wendes. Des livres de lecture pour l'enseignement du wende ont été publiés et introduits dans les écoles avec l'aide pécuniaire de l'État. Différents cours subventionnés par l'État ont été organisés pour permettre aux instituteurs wendes de se perfectionner dans l'étude de la langue wende modernisée et épurée. Le gouvernement saxon lui-même se montre très large dans l'interprétation du terme « école bilingue » et permet l'emploi du wende dans les classes inférieures, même lorsqu'il n'y a qu'un très petit nombre d'enfants wendes dans les écoles. Si l'on trouve néanmoins certaines écoles comptant plus d'élèves wendes et qui ne sont pas déclarées bilingues, cela tient à la volonté des parents qui ont voix au conseil scolaire local et qui ont pensé que leurs enfants apprenaient suffisamment le wende à la maison et qu'à l'école ils devaient apprendre parfaitement l'allemand et la culture allemande. L'État a en outre autorisé à remplacer une école de Bautzen à six années d'enseignement par une école moyenne à neuf années, étant donné que les écoliers wendes, notamment ceux qui viennent des petites écoles de villages, peuvent entrer plus facilement en sixième que dans la classe inférieure d'une école à six années d'études. En outre, des Wendes ont été nommés à l'Inspectorat de Bautzen et de Kamenz (1).

Comme il a été dit plus haut, l'arrondissement de Bautzen a 49 écoles bilingues.

Le 1er mai 1925, il y avait 3.867 enfants, dont 2.029 Wendes, dans les 33 écoles bilingues du *canton de Bautzen*; à la demande des parents, 462

---

(1) Cela n'empêche pas Vierset de prétendre dans son livre, *Un peuple-martyr*, p. 61-62 : « Actuellement, il n'existe pas une seule école primaire, pas une seule école secondaire, pas une seule école normale ayant le serbe pour langue d'enseignement, pas une seule école allemande où le serbe de Lusace soit inscrit comme matière facultative ou obligatoire. »

Bautzen vers 1800
Gravure de Johann Gottfried Jentzsch (1759–1826)
Table 10

élèves avaient été dispensés de l'étude du wende. Dans les 11 écoles bilingues du *canton de Kamenz*, on comptait 1.135 élèves, dont 1.006 Wendes ; 3 élèves étaient dispensés. Les quatre écoles bilingues du *canton de Lœbau* comprenaient 509 élèves, dont 265 Wendes; 3 élèves dispensés. Dans une école de Bautzen (Saint-Michel), il y avait 368 élèves, dont 90 Wendes et 10 élèves dispensés.

Donc, dans 49 écoles bilingues, sur 5.679 enfants, il y a 3.390 Wendes; 485 enfants sont dispensés du wende. Ne sont pas compris dans ce nombre les enfants wendes qui ont été inscrits, à la demande de leurs parents, comme Allemands. La commune d'Obergurig, par exemple, offre, à ce point de vue, un exemple typique. La moitié des parents des 278 élèves de cette commune sont d'origine wende, mais il n'y a pas 5 % parmi les écoliers qui parlent wende ou qui, du moins, s'en

De telles allégations mensongères font malheureusement leur chemin ; il suffit de jeter un coup d'œil dans les publications faites par les minorités et leurs auxiliaires pour s'en convaincre. Ainsi le *Kulturwille*, revue pour la politique et la culture des minorités en Allemagne, écrivait, en juin 1925, p. 76 et 77 : « La minorité wende, qui compte environ 250.000 âmes n'a aucune école primaire ni supérieure... L'instruction publique en Allemagne ne reconnaît même pas comme matière d'enseignement la langue des minorités. » ...*Calumniare audacter, semper aliquid haeret!*

servent couramment. Cependant, un maçon de l'endroit, dont les enfants ne parlent même pas wende en famille, demanda que l'école fût déclarée bilingue. Le conseil municipal et le conseil scolaire s'y opposèrent, mais il fut décidé que l'on ajouterait au programme deux heures de wende par semaine, pour lesquelles, à la demande de la commune, le ministère de l'Instruction Publique a remboursé les frais de la première année.

Pour un total de 3.390 élèves de langue wende, il y a 81 instituteurs wendes, alors qu'il y a seulement 53 instituteurs pour 2.489 élèves allemands.

En *Prusse*, le ministre de l'Instruction Publique a chargé, en novembre 1920, les inspecteurs de faire une enquête auprès des instituteurs et des directeurs d'école de la Lusace afin de savoir « si et dans quelle mesure le besoin de réserver une place à l'étude du wende dans les écoles communales se fait sentir, et s'il est recommandable de donner aux enfants la possibilité d'apprendre à lire et à écrire le wende et de leur procurer l'occasion d'apprendre des rondes enfantines et des chansons populaires dans cette langue ». Après avoir pris connaissance des rapports reçus, le ministre décida, le 12 mars 1921 : « Tant que et aussi longtemps que les parents ne demanderont pas de modification dans l'emploi du wende comme langue d'enseignement, la méthode restera telle que par le passé. Mais lorsque, comme à Dissen, les parents exprimeront le désir de voir accorder plus d'importance au wende, il sera tenu compte de ce désir, en ce qui concerne les enfants wendes, et dans le cadre prévu par l'ordonnance du 13 septembre 1920. » Il n'y a donc pas d'écoles exclusivement wendes, c'est-à-dire d'écoles n'ayant que des instituteurs wendes enseignant en wende, dans les arrondissements de Francfort et de Liegnitz, tous les parents et les Conseils de parents (Elternbeiräte) s'y étant prononcés contre la création de telles écoles. Même à Dissen, où réside le curé Schwela (auteur d'une grammaire bas-wende), et où l'on aurait pu s'attendre à un intérêt plus prononcé pour le wende, le Conseil des parents, composé exclusivement de Wendes, a pris la résolution suivante, en présence du curé et contre motion de celui-ci : « Nous protestons expressément contre l'introduction du wende comme unique langue d'enseignement, quelle que soit la matière et la classe. Le but de l'enseignement doit être, comme par le passé, la connaissance de l'allemand parlé et écrit. » Le rapport du directeur de l'école de Dissen résume ainsi l'opinion des parents sur ce point : « Nos enfants doivent apprendre l'allemand à l'école; quant au wende, ils l'apprennent à la maison. »

Du reste, les Wendes ont la même influence sur les programmes d'études et la nomination des instituteurs que leurs compatriotes de langue allemande. On ne demande pas aux enfants s'ils sont Wendes ou Allemands. Enfin dans la Lusace prussienne, les questions d'enseignement n'ont soulevé aucun mouvement nationaliste, et les Wendes n'y ont aucune école privée.

Dans le *canton de Hoyerswerda*, qui compte au total 10.894 Wendes (le 16 juin 1925), sur 6.957 enfants fréquentant les écoles, 1.822 enfants ont le wende comme langue maternelle (soit 26,2 %) et 12 instituteurs parlent le wende (8 protestants et 4 catholiques); dans le *canton de Rothenburg (H. L.)*, dont la population wende était de 5.799 habitants, il y a 8.917 enfants fréquentant les écoles, dont 1.070 ont le wende comme langue maternelle (soit 12 %) et 5 instituteurs protestants parlant le wende.

Le *canton de Cottbus*, qui a la plus forte population de langue wende (16.416), comptait environ 3.000 enfants wendes et 25 instituteurs. L'enseignement tient largement compte des enfants wendes, mais ils n'ont pas de leçons spéciales en wende, les Wendes eux-mêmes l'ayant refusé. Les Wendes de Prusse se considèrent en effet comme Allemands de langue wende.

L'administration prussienne n'a donc pas négligé volontairement, comme nos adversaires le prétendent, l'enseignement du wende. Et encore moins peut-on lui reprocher d'être hostile à tout ce qui a trait aux Wendes. Le fait est que les Wendes eux-mêmes ont tellement conscience de leur qualité de citoyens allemands, qu'ils n'ont nul désir de voir accorder à l'emploi du wende une plus grande importance que par le passé.

Il est exact qu'en Saxe, les Wendes affirment plus énergiquement leur caractère national (pl. 12). Par contre on doit reconnaître, après ce qui a été dit ci-dessus concernant la façon dont la Saxe traite la question scolaire wende, que le gouvernement saxon ne pouvait guère montrer plus d'empressement à satisfaire les justes revendications des Wendes. Néanmoins, les Wendes radicaux, — et, sur ce point, la « Macica Serbska » est du même avis, — demandent, dans une requête présentée en 1921, que l'État saxon contraigne les enfants wendes, même contre le désir de leurs parents, à apprendre le wende dans toutes les classes de l'école primaire. Or ce serait là une restriction intolérable du droit de disposer de soi-même, généralement reconnu aux parents pour toutes les questions d'enseignement. La contrainte serait aussi injustifiable dans cette question que dans celle de l'exercice de la religion. D'ailleurs la Constitution du Reich (4e section : Enseignement et Écoles, art. 42 et suiv.) reconnaît expressément aux parents le droit de décider en dernier ressort. Ces « Surwendes » ne peuvent pourtant pas exiger de l'État qu'il leur crée artificiellement et de force, avec des éléments allemands, un peuple wende, alors que les Wendes eux-mêmes n'ont plus le sentiment d'être une nation. Déjà les concessions faites par l'État : impression de livres d'école en wende à l'aide de subventions de l'État, nomination de deux Wendes aux deux postes d'inspectorat importants dans les cantons de Bautzen et de Kamenz, où contre 3.000 Wendes il y a 200.000 écoliers allemands, dépassent presque les limites de la bonne volonté (1).

(1) Dans son livre : *Principes du Droit des minorités nationales,* p. 34, M. Kurt Wolzendorff considère les districts où la minorité nationale ne dépasse pas 25 % du chiffre de la population, comme territoire de colonisation intégral du peuple principal et ne reconnaît à cette minorité aucun droit d'exercer de l'influence sur les nominations aux

Il est du reste visible que les radicaux groupés autour de Barth ne songent qu'à perpétuer à l'aide de ces questions le mécontentement parmi les Wendes. Dès que l'État a fait une concession, ils reviennent à la charge ou formulent de nouvelles exigences toujours plus grandes. Il suffit de feuilleter la collection des *Serbske Nowiny* depuis 1919 pour reconnaître que cette action est devenue tout un système. Aussi la situation est-elle actuellement caractérisée en Lusace par la reprise de la querelle concernant la place à accorder au patrimoine intellectuel des Wendes, notamment dans le domaine scolaire.

Inutile de dire que les Wendes jouissent, dans *le domaine politique*, des mêmes libertés de mouvement et de coalition que leurs compatriotes de langue allemande. Tous les partis ont des partisans parmi les Wendes, on ne trouve donc là aucune différence entre eux et les Allemands. Après la guerre, il est vrai, les Wendes nationalistes ont essayé d'envoyer aux Parlements des représentants wendes, mais chaque fois avec un in-

---

charges publiques. Or, d'après le recensement de 1910, on comptait dans les cantons de Bautzen, de Kamenz et de Loebau 211.374 Allemands contre seulement 43. 358 Wendes (= 20 %) et, d'après le recensement de 1925 (v. p. 177), il n'y avait plus que 28.225 Wendes (= 13 %).

succès croissant. Lors des élections du Reichstag en 1920, le « parti populaire de la Lusace » fut fondé. Il refusa de marcher avec d'autres partis et tenta de s'appuyer sur les Wendes protestants et catholiques de la Lusace prussienne et de la Lusace saxonne. Les principes de ce parti nationaliste sont résumés dans le programme de Hoyerswerda, qui préconise l'idée d'une Allemagne unitaire à provinces autonomes, dans laquelle les territoires de langue wende de la Haute et de la Basse-Lusace formeraient un district administratif spécial, où les charges publiques seraient paritairement réparties entre les Wendes et les Allemands avec — pour condition, cela va de soi — liberté absolue de développer la civilisation wende. Les résultats des élections furent minces. Le candidat Hantscho, fermier-forgeron de Schleife, dans la Haute-Lusace saxonne, obtint 6.013 voix dans la circonscription de Saxe-Est. Le total des voix en Prusse et en Saxe s'est élevé à environ 15.000. Ayant reconnu qu'ils ne pouvaient réussir par leurs propres moyens, les chefs du parti nationaliste wende se coalisèrent, pour les élections de la Diète saxonne du 14 novembre 1920, avec le parti populaire chrétien (Centre). Avec l'appui du parti chrétien, le candidat wende

Krone, petit commerçant de Hochkirch, fut porté comme troisième candidat sur la liste. Or, comme résultat, il n'y eut que le candidat tête de liste Hesslein, secrétaire du parti du Centre, qui fut élu. On finit par fonder en 1924 le « parti populaire wende », qui représente la politique de Barth. Ce nouveau parti obtint en Saxe-Est, aux élections du Reichstag du 4mai 1924, 6.346 voix, chiffre qui ne tarda pas à tomber à 3.987, la même année, aux élections du Reichstag du 7 décembre 1924. De même en Prusse, le résultat des élections (en 1920, dans la circonscription de Cottbus-campagne, sur 25.013 voix, 429 Wendes; en mai 1924, sur 56.107 voix dans les circonscriptions de Cottbus-ville et de Cottbus-campagne, 348 Wendes) démontra que tous les efforts qu'on avait faits n'avaient trouvé aucun écho dans une population paisible et liée politiquement aux partis allemands. La population allemande ni les autorités n'avaient exercé nulle part une pression contre le parti nationaliste wende. On renonça donc à une candidature spéciale. Aux élections du Reichstag, en mai 1924, après une énergique propagande organisée à Bautzen en faveur du parti nationaliste wende, ce parti obtint 2.250 voix dans tout l'arrondissement de Francfort, 2.155 dans l'arrondissement de Liegnitz, en Saxe, comme nous l'avons déjà dit, 6.346 voix, soit au total 10.751 voix. Mais lors des élections du Reichstag, en décembre de la même année, les résultats obtenus par les Wendes furent beaucoup plus faibles. Les nationalistes wendes n'obtinrent que 3.987 voix en Saxe-Est, 1.193 dans le district de Liegnitz, pas une seule voix dans le district de Francfort, donc au total 5.180 voix.

Le parti nationaliste wende, la « Macica Serbska » et la « Domowina » ont fondé, — par une élection au sein de leurs comités-directeurs et sans être porteurs d'aucun mandat, — le « Conseil du peuple wende » que nous avons déjà mentionné. Ce Conseil a été cré en octobre 1925; il se compose de quinze membres, cinq de la « Macica Serbska », cinq de la « Domowina » et cinq du « Parti nationaliste wende », et a la prétention de représenter légalement tous les Wendes de Prusse et de Saxe. Son président est l'avocat Hermann, à Bautzen, et son vice-président le commerçant Lorenz, à Weisswasser (Basse-Lusace prussienne). L'idée de ce Conseil a été conçue par la « Domowina », donc par Barth, qui avait déjà essayé en 1924 de fonder une organisation analogue. L'histoire des origines de ce Conseil et sa composition indiquent déjà qu'il ne saurait être considéré comme représentant tous les éléments wendes en Allemagne. C'est ce que commencent d'ailleurs à reconnaître les milieux wendes eux-mêmes, notamment les milieux d'où sont sortis le « Comité d'étude pour les questions wendes » et le « Comité des Wendes fidèles à la Saxe », dont nous avons déjà parlé. Jusqu'à présent, l'action de ce Conseil n'a pas été très efficace. Il a commencé par déléguer trois de ses membres (Hermann, Lorenz et Barth) au congrès de l' « Union des minorités nationales européennes », qui a eu lieu à Genève le 15 octobre 1925, mais il n'y a joué aucun rôle prédominant parmi les autres minorités. Le Conseil du peuple wende a également signé avec l'Union des Polonais, la Société du Slesvig danois, la Société des Frisons et l'Association des Lithuaniens en Allemagne, la requête adressée par les minorités allemandes au chancelier du Reich, le 9 mars 1926, et dans laquelle ces minorités demandaient la compétence exclusive du Reich pour la législation et la réglementation de la question des minorités et la création d'un Office allemand des minorités et, finalement, l'audition des délégués des minorités lors de la réglementation légale.

Nous ne voulons pas discuter la question de savoir si les Wendes doivent être considérés comme une minorité nationale; en effet cette conception est actuellement trop imprécise et donne lieu à trop de controverses. En tout cas, pour quiconque a suivi attentivement les débats qui ont eu lieu à la Société des Nations, il est bien évident qu'ils ne constituent pas une des minorités garanties dans le sens indiqué dans le Pacte de la Société des Nations. Néanmoins, ils forment indubitablement à l'intérieur de l'Allemagne un petit groupe appartenant à une tribu étrangère, et auquel il est juste d'accorder, en tenant compte de son caractère particulier et distinctif, les mêmes droits et le même rang qu'aux minorités nationales en Allemagne.

Coup d'œil rétrospectif et perspectives

Si l'on juge impartialement la situation des Wendes telle qu'elle a été décrite, et qu'on observe la considération dont font preuve les Lusaciens allemands pour leurs compatriotes wendes, l'amitié qu'ils leur témoignent et l'aide qu'ils leur prêtent, si l'on voit enfin que, non seulement en Prusse et en Saxe, mais dans tout le reste de l'Allemagne, le sort des Wendes éveille l'intérêt et la sympathie, on ne comprend absolument pas comment il se peut que certains milieux wendes continuent à soutenir des revendications utopiques avec passion et un mépris manifeste de la vérité. C'est surtout dans la presse étrangère inspirée par les radicaux wendes et dans certaines Sociétés de secours wendes existant à l'étranger, que l'on rencontre cette complète méconnaissance des véritables intérêts des Wendes d'Allemagne. Il faut citer avant tout la Tchécolovaquie, dont certains quotidiens (1) et périodiques (2), ainsi que nombre

---

(1) *Ceskoslovenska republica*, l'organe officiel. *Wrodni politica*, organe de la démocratie nationale tchèque. *Novy Vecernik*. *Narodni Politika*. Une feuille franco-tchèque : *Gazette de Prague*. *Lidove Nowiny*. Toutes ces feuilles paraissent à Prague.

(2) *Ceskolužicky Vestnik* à Prague (gazette tchéco-wende), l'organe de la société tchéco-wende « Adolf Černy ». Éditeur : le secrétaire de la société Zmeskal fondée en 1919. *Slovansky Přehled* (Revue slave), fondée et publiée en 1908 par le Dr Adolf Černy lui-même, édition Orbil, Prague, *Vystěhovalec* (L'Émigrant), organe de l'union des sociétés tchécoslovaques à l'étranger, siège à Prague ; son supplément régulier est : *Věstnik Čechoslovaku ve Francii* (organe des Tchécoslovaques en France). Éditeur : le sénateur Folber, rédacteur en chef : Wenzel Filip ; imprimé par l'Imprimerie Populaire A. Nemes et Co, Prague II, vue Hyborna. *Sokolske Vestnik* (Indication Sokol) (organe des Sokols tchécoslovaques). En outre, il a plus de trente feuilles sokols en Tchécoslovaquie, qui toutes essaient d'agiter en faveur des Wendes.

de sociétés tchéco-wendes (1) se refusent à comprendre que les Wendes sont et veulent rester des citoyens allemands, les journaux formulant, soit comme porte-parole des radicaux wendes d'Allemagne, soit par antipathie contre tout ce qui est allemand, des revendications — ils le savent — des plus extravagantes, pour lesquelles ils mènent leur propagande. Bon nombre de sociétés, de quotidiens (2) et de périodiques étrangers (3) font

(1) La société Adolf Černy, fondée par Černy lui-même dans l'intention avouée de fonder un organe central pour la défense des intérêts panslavistes parmi les Wendes et de traiter les affaires wendes du point de vue panslaviste. Serbowka, Prague, fondée en 1846, comme société des étudiants wendes au séminaire de Prague, reconstituée après la fermeture de ce séminaire wende, en 1925, par Ludwik Juba, le Dr Kretschmar, journaliste, Hejret, le Dr Josef Pata et Vladimir Zmeškal. Enfin les Sokols de la Tchécoslovaquie.

(2) *Samouprava* et *Vreme* à Belgrade. *Gazette de Lausanne* et *Journal de Genève* en Suisse. *Kurier Poznanski* à Posen, *New-Yorske Listy* (City N. Y.) et *American*, Cleveland, États-Unis d'Amérique. *Delnicke Listy* à Vienne. *Moravska Orlice* à Brunn. *Slovenska Politica* à Presbourg. *Dziennik Berlinski*, quotidien polonais de Berlin. *Nordschleswiger Zeitung* à Flensbourg, quotidien, organe de la minorité danoise en Allemagne, et dont se sert de préférence Skala pour « défendre » la population wende.

(3) *Le Monde slave*, revue franco-slave paraissant à Paris, *Le Radical*, Paris. *La Revue Anthropologique*, Paris, organe de l'Institut International d'Anthropologie, librairie Émile Nourry, 62, rue des Écoles, Paris (Ve).

chorus. Ils se complaisent à exagérer, en se copiant les uns les autres, des allégations depuis longtemps réfutées et repoussées par les savants wendes et étrangers. Parmi toutes ces sociétés, celle qui se signale le plus s'appelle les « Amis de la Lusace », une association des « amis des Wendes », qui a des ramifications à Belgrade, Cracovie, Lemberg, Londres, Paris, Rome, Varsovie, Prague (par la société tchéco-wende Adolf Cerny) et Vienne (par la société nationale des minorités tchèques). Elle a été jusqu'à demander dernièrement à la Société des Nations d'intervenir en faveur des Wendes et, en s'appuyant sur l'article 20 du pacte final du Congrès de Vienne du 9 juin 1815, s'est efforcée d'établir une obligation, qui devrait forcer le roi de Prusse, et ses successeurs en droit, à traiter les Wendes d'une façon spécialement « libérale ». Il est difficile d'argumenter plus à la légère et d'une façon plus dépourvue de sens. En effet, les dispositions « libérales »

Les sociétés à l'étranger, qui servent les « intérêts » des Wendes, sont connues sous le nom collectif de « Les amis de la Lusace ». Ils poursuivent les mêmes buts que la société Adolf Černy à Prague. La « Kulturwehr » autrefois « Kulturwille » sert en quelque sorte de lien entre elles. Là où une société analogue n'existe pas, ce sont les « Sociétés des Tchèques à l'étranger » qui représentent la cause wende au point de vue national tchèque.

de l'article 20 ne s'appliquaient nullement aux Wendes, mais assuraient aux Saxons et aux Prussiens le droit de posséder des biens en Saxe et en Prusse, de prendre part, comme par le passé, à la foire de Leipzig et à ses transactions. Elles reconnaissaient en outre aux Saxons et aux Prussiens le droit de libre passage d'un desdits pays pays à l'autre et vice-versa (1).

Les fausses allégations, répétées avec l'accent de la conviction et l'habileté journalistique, puis publiées dans le plus grand nombre possible de feuilles, réussissent à tromper même les milieux intellectuel de l'Etranger. On pouvait lire avec étonnement, en 1923, dans le numéro 60 de la *Prager Presse*, organe rédigé en allemand du

(1) Il est dit à l'article 20 : « Le roi de Prusse promet de faire régler, suivant les principes les plus libéraux, tout ce qui a trait à la propriété et aux intérêts des sujets en question. » La suite du document est ainsi conçue : « Le présent article s'applique tout spécialement : *a*) aux relations des personnes qui ont des biens sous les deux administrations, saxonne et prussienne *b*) ; au commerce de Leipzig ; *c*) à tous autres objets analogues, et pour que la liberté personnelle des sujets, de ceux des provinces cédées comme des autres, ne soit pas lésée, il leur sera loisible de passer d'un pays dans l'autre, etc. » V. W. Lippert. Les amis de la Lusace. *Dresdner Anzeiger* du 8 décembre 1925, n° 575. — Concernant le prétendu droit de retour des Lusaces à la Bohême, v. ci-dessos, p. 00 rem.

Enseignes de boutiques wendes
En haut: A Bautzen / En bas : A Cróstwitz près de Bautzen
Table 11

gouvernement tchécoslovaque, que 97 slavisants, enseignant à des universités anglaises, danoises, françaises, norvégiennes, hollandaises, polonaises, russes, yougoslaves et suédoises, avaient signé un appel, dans lequel ils priaient la Société des Nations de veiller à ce que « les Wendes de la Lusace obtinssent leurs propres écoles de tous les degrés. Tous les instituteurs, directeurs d'école et inspecteurs de ces écoles doivent être des Wendes de naissance; dans toutes les communes où l'on prêche en wende, les ecclésiastiques doivent être Wendes; les Wendes doivent régler eux-mêmes leurs propres affaires, etc. ». Je suppose que ces professeurs sont animés de la meilleure volonté; mais je voudrais cependant savoir combien parmi ces 97 universitaires ont été une seule fois en Lusace, y ont étudié la situation, se sont, par exemple, rendu compte *de visu* de la proportion numérique entre les Wendes et les Allemands (v. la carte) et se sont entretenus avec des gens des deux langues et de divers degrés d'instruction. L'appel adressé par les 97 professeurs à la Société des Nations produit l'impression d'être peu objectif, car il contient, à côté d'observations toutes naturelles sur des points qui sont acquis depuis longtemps, des revendications qui ne peuvent être prises en considération, parce que la situation est tout autre que celle supposée par les 97 slavisants. On pourrait croire que cet appel a été inspiré par les Tchèques ou par la seule lecture de journaux à tendance radicale wende. Je suis persuadé que chacun des signataires, après avoir entrepris lui-même un voyage en Lusace, reviendrait avec une tout autre idée de la situation des Lusaciens wendes et des soins à apporter au maintien de leurs biens culturels, en un mot, avec une idée toute différente de celle que fait supposer la signature au bas de l'appel.

On est en droit de se demander ici si toute cette agitation a vraiment pour but de venir en aide aux Wendes, ou si elle doit fournir l'occasion, saisie avec plaisir, de nuire aux Allemands.

Toute cette propagande est déclenchée en dernier ressort par les quelques chefs des nationalistes radicaux wendes déjà mentionnés. Mais, je le répète, on peut constater que seule une petite partie des Lusaciens de langue wende est rangée derrière les Barth et les rédacteurs des journaux radicaux du même parti. Les Lusaciens allemands comprennent très bien que, par leur origine, leurs compatriotes wendes aient des relations intellectuelles avec les peuples slaves, et ils ne leur en font pas un grief. Mais l'agitation des radicaux wendes et de leurs partisans à l'intérieur et à l'étranger dépasse de beaucoup la part prise à un mouvement intellectuel. Leurs agissements les exposent à un danger, rien ne pouvant compromettre davantage l'esprit de conciliation des Allemands envers leurs frères wendes, que la continuelle propagande d'agitateurs à l'étranger. Les Lusaciens de langue wende ne peuvent trouver paix et bonheur qu'en demeurant avec leurs compatriotes allemands dans la communauté de destinée et de civilisation consacrée par des siècles. Car même, s'ils étaient rattachés aux Tchèques au point de vue politique, les Wendes verraient immédiatement le déclin final de leur caractère national particulier.

Une « tchéquisation » (1) complète serait le résultat de cette union. Un prêtre catholique d'un village de langue wende déclarait dernièrement qu'il n'y aurait pas de plus grand malheur pour les Wendes que la nécessité de se fondre dans la Tchécoslovaquie.

Ce qui a déjà été réalisé, comme nous l'avons vu ci-dessus, dans la Lusace prussienne, ce que

(1) Concernant une précédente tentative de « tchéquiser » la Lusace, v. p. 115.

la majeure partie des Wendes saxons reconnaissent eux-mêmes, c'est-à-dire que les Wendes se considèrent comme des « nationaux allemands d'origine wende » — c'est ce qui doit être également le but de l'évolution pour la petite partie des Allemands de souche wende qui ne se sont pas encore ralliés à cette idée. C'est là la seule manière de mettre fin au conflit apparent entre les sentiments de nationalité et d'attachement à l'Etat, — conflit qui a induit un groupe de Wendes en erreur et leur a fait passer mainte heure pénible. Un sentiment national fort développé chez tous les citoyens est certes, pour un vrai peuple, l'un des plus grands biens désirables et la garantie d'une existence respectée. Or pour les descendants des Wendes, ce sentiment ne peut être que celui d'appartenir au peuple allemand. Toute autre aspiration n'est qu'une exagération maladive du principe des nationalités, une surexcitation nationaliste qui, là où on la trouve encore, doit être surmontée par le bon sens et l'attachement à l'État. Il y a aussi dans d'autres États de l'Europe de petits groupement ethniques qui — c'était leur destinée — ont dû se fondre dans une autre nation; mais ces groupements ne se placent pas, comme l'ont fait les radicaux wendes de Saxe, sous le patronage de l'étranger, ils n'ont pas non plus fait appel à l'étranger, car, sans préjudice à la culture de leur vieille langue et de leur patrimoine intellectuel, ils se sentent membres de la nation à laquelle leurs ancêtres se sont assimilés, et citoyens de l'État qui, depuis des siècles, leur accorde aide et protection. Aussi, de même que la France demande à ses Bretons, à ses Basques et à ses Provençaux, et l'Angleterre à ses citoyens de race celte d'avoir le vrai sentiment national, de même aussi, et avec la même logique, l'Allemagne attend de ses citoyens d'origine wende d'avoir des sentiments analogues.

Du reste, le bon sens de la presque totalité de la population de la Lusace ne permettra pas de prendre pied à des idées qui pourraient mettre en danger et le peuple wende et leur petite patrie. Les vrais amis de la Lusace sont ceux qui, en renonçant à toute exagération et à tout ce qui est étranger, cherchent et trouveront dans le bon accord qui a régné jusqu'à présent entre les citoyens d'origine allemande et d'origine wende, la paix et la prospérité de tout le pays.

Il faut espérer que, grâce à l'attitude loyale des Allemands envers leurs compatriotes wendes et au profond et cordial intérêt qu'ils leurs témoignent, les partisans d'une minorité radicale deviendront toujours plus clairsemés, et que les bons rapports qui ont existé depuis des siècles entre les deux partyies de la population ne cesseront d'exister.

Les chiffres, quant à la population wende, relatifs à la Prusse faisant encore défaut au moment de la publication de la première édition du présent livre (v. p. 106), il ne m'a pas été possible d'indiquer dans ladite édition le nombre exact de Wendes d'après le recensement du 16 juin 1925. Or ces chiffres viennent d'être publiés dans le bulletin de l'Office de statistique de l'État prussien (1926, pages 175 et 176). Le recul énorme du nombre d'habitants de souche wende est bien fait pour nous étonner. Le total des personnes qui se sont portées aux listes du recensement en Prusse et en Saxe comme Wendes, et qui se montait à 111.167 lors du recensement de 1910, n'est plus que 71.000 en 1925, et encore dans ce chiffre sont compris les habitants qui ont indiqué l'allemand aussi bien que le wende comme étant leurs langues maternelles. Il en résulte que les Wendes ont subi une perte totale numérique de 40.000 personnes, soit plus de 36 % du nombre total de 1910. Sur ces Wendes, 42.804 habitent les arrondissements prussiens de Francfort-sur-l'Oder et de Liegnitz, tandis que les Wendes de Saxe sont au nombre de 28.225, répartis sur les arrondissements de Bautzen, Kamenz et Löbau. Au surplus il y a lieu de tenir compte du fait, que 31.175 des Wendes de Prusse comprennent l'allemand et que 28.225 des Wendes de Saxe parlent wende et allemand.

Les causes du recul frappant du nombre de Wendes dans les deux Lusaces sont de nature économique. Une de ces causes est l'exploitation toujours croissante des gisements de lignite avec, comme corollaire, l'industrialisation de grandes parties du pays naguère de langue wende (v. p. 128). Une autre cause de germination toute naturelle est le procès de compensation, qui s'accomplit en conséquence de la communauté d'existence et de développement culturel séculaire. Cette communautué devait évidemment finir par décider en faveur de celui des deux peuples qui est numériquement le plus fort et dont l'économie politique et sociale a atteint un degré plus élevé.

Les causes de ce frappant mouvement rétrograde des Wendes sont surtout d'ordre économique. Ce sont d'un côté les progrès continuels de l'extraction des lignites qui industrialisent de grandes étendues du territoire de langue wende, de l'autre côté le désir des parents que leurs enfants connaissent à fond la langue allemande qui favorisera leur succès dans la vie. Enfin entre en ligne de compte la communauté de vie et de pensée des Wendes et des Allemands qui nivelle les différences, et ceci naturellement en faveur du peuple le plus nombreux qui continue avec plus de force sa marche en avant économique.

La propagande slavo-wende n'a pas cessé pendant cette évolution. Nous avons en témoignage un article du numéro 9 de la 7e année du *Cesko-luzicky Vestnik,* en date du 20 novembre 1926, pages 53 et 54 : « La Lusace et l'étranger », par Fr. Hausner, qui constate des sympathies wendes tant chez les nations slaves que chez les peuples latins et dernièrement aussi parmi les savants anglo-saxons. En effet, dans la séance du 11 mai 1926, du groupe français de la Société « Les amis de la Lusace », on exposait que l'association comptait déjà parmi ses membres 33 professeurs d'universités de 11 nations. Sur l'initiative de l'association une section américaine venait d'être fondée, ayant à sa tête M. Sviatislav Röhrich, de New-York, directeur du « Master Institue of United Art » et de la « Corona mundi » aux Etats-Unis.

Les *Serbske Nowiny,* rapportainet dans leur n° 265 du 13 novembre 1926, dans un article intitulé « Les amis à l'étranger des Serbes lusaciens », que non seulement à Varsovie, les Wendes ont trouvé des amis, mais aussi à Agram dans la « Réunion des Sociétés slaves » et à Sofia dans « La Société slave ». On doit créer à Londres une société semblable « The Friends of Lusatia » et en Italie paraît maintenant la *Revue* de Gatti, consacrée à la littérature slave, où le jeune savant slave Wolfgang Giusti écrit sur la littérature wende.

Un article du numéro supplémentaire du journal tchèque *Studensky Obszor* du 20 juin 1926, montre que la sympathie pour les Wendes est, dans certain cas, non seulement scientifique et civilisatrice, mais qu'elle va plus loin. On y lit : « Les Wendes de la Lusace sont le plus petit peuple slave qui nous est le plus apparenté au point de vue civilisation et tradition historique. La même lutte contre le même ennemi nous unit. Notre secours doit être avant tout politique. Nous devons faire valoir nos droits et notre influence en commun avec les autres peuples libres de l'Europe, en faveur de ce peuple illégalement opprimé, les Wendes de la Lusace. Il est aujourd'hui impossible de songer à la réunion de la Lusace à notre

Etat. Les efforts tentés dans cette direction sont sans perspective de succès. Ils empireraient leur sort et exciteraient de nouveaux actes arbitraires du côté des Allemands qui ignorent l'humanité et le droit de libre disposition d'un peuple. Nous devons nous intéresser à ce que les Wendes aient la liberté de leur développement national, afin qu'ils obtiennent les mêmes droits que ceux dont les Allemands « opprimés » jouissent parmi nous. »

Mentionnons enfin l'incident de Belgrade qui a excité un grand mouvement dans la presse allemande. Au début de l'année 1927, à l'occasion de la présence des deux filles de M. Schmaler, éditeur des *Serbske Nowiny*, une « démonstration pour les Wendes de la Lusace » avait lieu dans la salle des fêtes de l'Université. Le discours qu'y prononçait le professeur Noack à cette occasion, éveilla, par ses fausses indications, un mécontentement justifié, même dans les cercles wendes modérés. A ces voix modérées et impartiales se rattache aussi le *Hrvatski List* à Esseg, jadis capitale de la Slovanie. Dans son n° 2.034, ce journal combat contre les tendances à identifier Serbes et Wendes. Il écrit : « Les Wendes de la Lusace sont cultivateurs et vivent isolés dans leurs fermes où leurs villages. La situation économique les force à partir dans les villes, où leur gain est meilleur, mais où s'efface aussi leur caractère national. On peut le déplorer, sans pouvoir enrayer cette évolution naturelle. On ne peut nommer Serbes les Wendes de la Lusace, car ils n'ont rien de commun avec les Serbes des Balkans. Ils n'appartiennent aucunement aux Slaves du Sud, mais à ceux du Nord. Le slaviste distingué, M. Balthasar Bogisic déclarait un jour que c'était un véritable scandale de compter les Wendes de la Lusace au nombre des Serbes, avec lesquels ils n'ont rien de commun. Et lors des fêtes de Belgrade, quand les Serbes essayèrent d'entrer en conversation avec les deux dames wendes de Lusace, ils durent employer la langue allemande. »

Le jugement d'un observateur soucieux de vérité se trouve dans l'article du professeur hollandais de Séveaux, est « Un peuple destiné à disparaître: Les Serbes » au n° 13.405 du journal parisien *La Croix* du 19 novembre 1926, qui arrive au résultat

OUVRAGES A CONSULTER

Richard ANDREE, *Wendische Wanderstudien. Zur Kunde der Lausitz und der Sorbenwenden.* Stuttgart, 1874.

Renferme une importante documentation historique et statistique ; indispensable, aujourd'hui encore, pour quiconque veut étudier l'histoire des Wendes.

Robert BELTZ, *Die vorgeschichtlichen Altertümer des Grossherzogtums Mecklemburg-Schwerin,* 1910, 2e éd.

Franz BORDIHN, *Das positive Recht der nationalen Minderheit* (Berlin, 1921, 104 p. in-8o).

Ce livre contient une collection des lois et projets de loi les plus importants, mais ne renferme ni l'art. 113 de la constitution du Reich, ni les commentaires qui s'y rapportent.

E. CLAUSNITZER, *Versammlungen der niederl. Stände während der Habsburger Herrschaft* 1526-1635. Niederl. Mitteil. V.

Alfred GÖTZE, *Die vor- und frühgeschichtl. Denkmäler des Kreises Lebus* (livraison supplément à Die Kunstdenkmäler der Provinz Brandenburg, tome VI, 1re partie). Berlin, 1920.

— *Die vor- und frühgeschichtl. Denkmäler der Stadt Frankfurt a. o.* (livraison-supplément comme ci-dessus, 2e partie). Berlin, 1920.

Ces deux ouvrages sont basés sur les recherches les plus minutieuses et sont d'ailleurs très importants au point de vue de la Lusace, étant donné le voisinage des contrées étudiées.

Karl HAUPT, *Sagenbuch der Lausitz* (N. Laus. Magazin, tome XL S. 1-475). Görlitz, 1863.

Leopold HAUPT et Johann Ernst SCHMALER, *Volkslieder der Wenden in der Ober- und Niederlausitz* (avec traduction en allemand), 1re et 2e partie, Grimma, 1841 et 1843.

Georg BIERBAUM, *Une hache en fer burgonde trouvée à Dresde,* v. le journal *Dresdner Neueste Nachrichten,* no 174, du 28 juillet 1926.

Johann KAPRAS, *Právni dějiny*, etc. (Histoire juridique de la Haute et de la Basse-Lusace au temps de la domination bohème, traduite en wende par Beno Salta et autres. Bautzen, 1916).

Cet ouvrage objectif, écrit dans un style fort simple, basé en très grande partie sur la science allemande, renferme une histoire de la situation de la Lusace au point de vue du droit public et du domaine économique.

Herrm. KNOTHE, *Die verschiedenen Klassen slawischer Höriger in den wettinischen Landen.* N. Arch. Sächs. G. IV (1883). Ouvrage fondamental. Voir J. PEIZKER.

Werner KÖHLER, *Brandenburgische Fahrten*, II. Südosten (Niederlausitz), Berlin. Avec de nombreuses illustrations très importantes aussi au point de vue ethnographique.

Gustaf KOSSINNA, *Die Herkunft der Germanen* (Mannus-Bibl. Nr. 6, 2 Aufl.) Cartes très importantes au point de vue de la colonisation.

— *Die deutsche Vorgeschichte*, 2e éd., Würzburg, 1914.

Rudolf KÖTZCHKE, *Staat und Kultur im Zeitalter der ostdeutschen Kolonisation* (Aus Sachsens Vergangenheit I. Heft, Leipzig, 1910).

Tableau concis tracé d'après l'état scientifique en 1910. L'ouvrage étant d'un petit format, une liste des ouvrages à consulter tient lieu d'aperçu et permet de jeter un coup d'œil dans les sources.

Hanuš KUFFNER, *Náš stat a světový mir* (Notre État et la paix mondiale. Warnsdorf i. B., 1922).

Comme il est dit dans l'avant-propos de l'édition tchèque, l'ouvrage reproduit, dans ses cinq cartes, le contenu d'un mémoire présenté déjà vers la fin de l'été 1917 aux hommes d'État compétents de l'Entente.

Kulturwille (depuis 1926 *Kulturwehr*), Organ. des Verbandes der nationalen Minderheiten Deutschlands), éditeur, le comte Sierakowski, rédacteur responsable J. S. Skala, Berlin, depuis mai 1925. Tendance germanophobe.

LEZKE, *Reise durch Sachsen*, Leipzig, 1785.

Illustrations de l'époque : noces wendes, costumes.

Wold. Lippert, *Die Landesherren der Niederlausitz. Niederl. Mitt.*, XII (1912), p. 171-185. Tableau synoptique.

Josef Maštalko, *Lužicki Srbové* (Les Wendes de la Lusace). Jung-Bunzlau, 1924, 32 p. germanophobe, sans caractère scientifique.

Ewald Muller, *Aus der Niederlausitzer Wendei*, Cottbus, 1925.
N'est pas partout à la hauteur des points de vue modernes de la science.

— *Das Wendentum in der Niederl.* 2. Aufl., Cottbus, 1921.
Retardataire en plusieurs points ; manque d'ailleurs de jugement critique, en particulier en ce qui concerne la religion des Wendes.

Josef Pata, *Lužica* (La Lusace), Prague, 1919.
Traduit aussi en wende ; représente le point de vue annexioniste tchèque.

Traugott Pech, *Das Serbisch-Wendische Schrifttum in der Ober- und Niederlausitz.* Tirage à part, revu et augmenté, de l'ouvrage, écrit en russe : « Histoire des littératures slaves », par A. N. Pypin et V. D. Spasovič. Voir ci-dessus, p. 99-100.

J. Peizker, *Die ält. Beziehungen der Slawen zu Turkotataren und Germanen und ihre sozialgeschichtl. Bedeutung* Vjschr. f. Sozial und Wirtschaftsgesch, III, p. 187-360, 465-533.
Le matériel documentaire, recueilli par Knothe, concernant la prédisposition au servage du caractère slave, est augmentée dans cet ouvrage qui invoque comme preuves à l'appui d'antiques sources littéraires franques, byzantines et slaves. L'auteur emploie également les méthodes philologiques. En ce qui concerne les Daleminzes, voir p. 320 et suiv.

Erich Riehme, Markgraf, Burggraf und Hochztift Meissen, *Ein Beitrag zur Geschichte der Entwickelung der sächsischen Landesherrschaft* (Mitt. d. V. f. Gesch. d. St. Meissen, VII. Bd, S. 161 f.). (Carte des Supanies du pays de Meissen).

Otto Eduard SCHMIDT, *Wanderungen in der Ober- und Niederlausitz* (Kursächs. Streifzüge II, 3. Aufl.), Dresde, 1926.

— *Aus dem Erzgebirge* (Kursächs. Streifzüge V.), Dresde, 1922 ; S. 5 ; 273 f. ; 306 f.

WILLIBALD V. SCHULENBURG, *Wendische Volkssagen und Gebräuche aus dem Spreewald*, Leipzig, F. A. Brockhaus, 1880.
Le plus charmant livre qui ait jamais été écrit sur les Wendes du Spreewald : légendes, lieder, coutumes, tout ce qu'il renferme, a été recueilli de la bouche même des habitants du pays et reproduit si fidèlement, qu'on croirait percevoir encore l'âme du peuple wende.

— *Wend. Volkstum in Sage, Brauch und Sitte*, Berlin, 1892.
Complète l'ouvrage précédent, mais sans offrir le même intérêt.

Franz TETZNER, *Die Slawen in Deutschland*. Braunschweig (Vieweg), 1902.
Plus intéressant au point de vue du folklore que de l'histoire ; illustrations provenant en partie de bonnes sources, p. ex. p. 314, Noce sorabe (d'après Leske).

— *Zeitschrift für Slawische Philologie*, herausgegeben von Max Vasmer (Leipzig, 1925 et ss.).

Auguste VIERSET, *Un peuple martyr. La question des Wendes devant l'opinion publique.* Bruxelles, 1923. (Imprimerie « Politika », Prague.)
Ouvrage germanophobe. Aucun caractère scientifique. Même le *Ceskluzicky Věstnik* (Indicateur tchéco-wende) de Prague écrit dans son n° 2 du 15 février 1926 : « Le livre du Belge Vierset ne présente pas d'intérêt spécial pour les milieux scientifiques, étant donné que la base en est vétuste, qu'il contient des erreurs grossières au point de vue géographique et que l'auteur a produit une œuvre qui fait plutôt l'impression d'un roman ».

Der ostdeutsche Volksboden. Aufsätze zu den Fragen des Ostens. Erweiterte Ausgabe, herausgegeben von *Wilhelm Volz* (Breslau, 1926) mit Aufsätzen von

Kötzschke, Dopsch, Holtzmann, Schlüter, Seger, Vasmer, Neltz, Witte, Aubin u. a.
Objectif, fondé sur une base rigoureusement scientifique.

W. Wattenbach, *Die Geschichtschreiber der deutschen Vorzeit*. 10e Jahrh. 6e vol. : *Widekinds Sachsische Geschichten*, reproduisant, au supplément, le rapport de Jakobsen sur les pays slaves; 11e Jahrh. 1r vol. : Thietmar v. Merseburg.

Kurt Wolzendorff, *Grundgedanken des Rechts der nationalen Minderheiten* (Berlin, 1921).
L'ouvrage motive la protection des minorités et la fonde sur le droit naturel et autres considérations du même ordre.

Carte synoptique de la population wende.

Note explicative

Nous avons essayé de donner, par notre carte, une image exacte de la répartition de la population wende dans les deux Lusaces. Dans le pointillé, chaque point représente 100 habitants; le pointillé est rouge pour les habitants dont l'allemand est la langue maternelle, et bleu pour les habitants de langue wende. Les bilingues ont été répartis proportionnellement à ces deux groupes. Plus il y a de points de couleur, plus la population est dense.

Il a souvent été dressé des cartes idiomatiques de la Lusace. La « carte synoptique du territoire de langue wende », dont la première édition a

Défilé de la société gymnastique wende à Malkwitz, près de Bautzen avec des piqueurs, des drapeaux wendes et une pancarte avec inscription wende : Serbske towarstwo w Malesecach

Table 12

paru en 1886 et la seconde en 1919, ne nous indique pas les particularités proportionnelles de la répartition des langues et englobe toutes les contrées où l'on trouve encore des traces de wende dans le « territoire de langue wende ». En 1902 et en 1909, la *Revue de l'Office de statistique de Saxe* a publié des cartes qui se rapportent à la répartition des langues dans la Lusace saxonne. Sur ces cartes, les communes et leurs territoires sont marqués d'après le pourcentage des Wendes par une dégradation de couleurs. La même méthode a été suivie par Zimmermann dans les « Petermanns Mitteilungen » (1). Finalement il y a lieu de mentionner une carte dressée par l'Institut géographique de l'Université de Leipzig (2). Sur cette carte, les populations allemande et wende sont représentées par des carrés rouges et bleus dans la grandeur correspondant au chiffre absolu de la population. Cette carte permet de s'orienter très rapidement.

---

(1) *O. Zimmermann.* Le territoire de langue wende dans le royaume de Saxe. *Peterm. Mitteil,* 1919. Comp. l'essai de *G. H. Müller* sur la densité de la population wende et les cartes dans les Mitteilungen des Dresdner Vereins für Erdkunde, 3. Febr. 1921.

(2) Carte de la densité de la population dans la Haute et la Basse-Lusace. Inst. d. Géogr., Leipzig, 1923-25.

La présente carte essaie, comme la précédente, d'indiquer à la fois la densité de la population et la répartition des langues. Elle est aisément déchiffrable, puisqu'il suffit de faire une simple addition pour avoir le chiffre de la population. Le but proposé était de donner une vue d'ensemble du chiffre de la population wende et de sa répartition dans les deux Lusaces, mais également du chiffre et de la répartition de la populaiton allemande sur le même territoire.

Il n'y a pas, à proprement parler, de « territoire de langue wende », en dépit des premières cartes citées qui le représentent. Dans la Haute comme dans la Basse-Lusace, le chiffre de la population allemande dépasse de beaucoup celui de la population wende. Il n'y a guère que deux régions, où les points bleus ressortent plus fortement sur la grande carte : l'une est située au nord de Bautzen et s'étend jusqu'à Hoyerswerda; elle est limitée à l'ouest par Kamenz et à l'est par Weissenberg; la seconde se trouve au nord de Cottbus; elle est beaucoup moins étendue; elle est située aux portes de la ville, s'étend à l'ouest jusqu'au Spreewald (forêt de la Spree), habitée presque exclusivement par des Allemands, et ne va pas même à l'est jusqu'à Forst. Si l'on circonscrit ces deux enclaves de langue wende sans tenir compte d'aucune des limites administratives, de façon à embrasser un maximum de Wendes et un minimum d'Allemands, on obtient les totaux suivants pour ce « territoire wende » :

sans Cottbus et Bautzen	avec Cottbus et Bautzen
91.650 Allemands,	147.707 Allemands,
85.750 Wendes.	87.540 Wendes.

Ces deux enclaves wendes ne sont pas contiguës; celle du sud se termine en pointe près de Hoyerswerda, celle du nord ne commence que près de Cottbus. Entre les deux est intercalée une bande de territoire de 20 à 30 kilomètres de largeur, où l'on rencontre une population presque exclusivement allemande. La densité de la population allemande près de Senftenberg, de Spremberg et de Muskau résulte de l'exploitation du lignite et de l'industrie du verre. Mais les deux enclaves wendes que nous avons indiquées, et qui représentent deux différents groupes de dialectes wendes, n'ont pas non plus conservé leur pureté idiomatique. Partout des points rouges s'intercalent entre les points bleus, indiquant que le nombre des Allemands, même si l'on ne tient pas compte des villes, est presque aussi grand à l'intérieur même des enclaves que celui des Wendes. C'est que les Allemands sont étroitement unis aux Wendes; les deux langues se côtoient jusque dans les familles.

Quant aux villes, même lorsque leurs environs sont fortement peuplés de Wendes, par exemple Bautzen (au moins au nord et au nord-ouest), Hoyerswerda, Cottbus (au nord), elles peuvent être considérées comme allemandes. (V. les chiffres de la population urbaine (p. 123 suiv. et p. 189). Le pourcentage des Wendes n'est, en effet, que de 2,47 % à Bautzen, et de 1,9 % à Cottbus. La densité de la couleur rouge des villes se détache sur le fond de la carte, et donne ainsi une idée exacte de la réalilté.

La population des villes est numériquement aussi forte que celle de toutes les colonies rurales. Les trois villes de Bautzen, Spremberg et Cottbus comptent, à elles seules, plus d'habitants qu'il n'y a de Wendes dans les deux Lusaces!

Une augmentation de densité de la population, telle que notre carte la montre hors des territoires wendes, correspond au développement de l'industrie. Cette augmentation est frappante surtout dans le sud de la Haute-Lusace et dans le nord de la Bohême allemande. Les points s'y accumulent, et la couleur rouge indique que ces régions ne sont peuplées que d'Allemands. Dans les deux enclaves, les points, qu'ils soient rouges ou bleus, sont plus clairsemés que dans les contrées avoisinantes, car la population y est considérablement moins dense. C'est parce que les habitants s'y occupent encore avant tout d'agriculture et qu'on n'y trouve pas d'exploitation industrielle.

CARTE ETHNOGRAPHIQUE
de la Haute et de la Basse-Lusace

Légende :

100 Allemands.
100 Wendes.
Territoires couverts de forêts.
Frontière du Reich.
Frontière d'Etat.
Frontière de province.

Echelle : 1 : 400.000

TABLE DES CHAPITRES

L'IMPRESSION MODERNE
CAILLAUX, ONILLON & Cie
21, BOULEVARD GASTON-DUMESNIL
ANGERS

www.ingramcontent.com/pod-product-compliance
Ingram Content Group UK Ltd.
Pitfield, Milton Keynes, MK11 3LW, UK
UKHW022013170726
13837UKWH00001B/158